ISTEN HATALMA

*Öröktől fogva nem hallaték, hogy
vakon szülöttnek szemeit valaki megnyitotta volna.
Ha ez nem Istentől volna, semmit sem cselekedhetnék.*
(János evangéliuma 9, 32 – 33)

ISTEN HATALMA

Dr. Jaerock Lee

Isten hatalma Dr. Jaerock Lee
Kiadva az Urim Books által
235-3, Guro-dong 3, Guro-gu, Seoul, Korea
www.urimbooks.com

Minden jog fenntartva. Ez a könyv vagy annak részei nem reprodukálható semmilyen formában, nem tárolható előhívható rendszerben, nem sokszorosítható semmilyen formában vagy eszköz által, elektronikus, mechanikai vagy fénymásolt, rögzített vagy más formában, a kiadó előzőleges írásos beleegyezése nélkül Ha másképp nem jelöltük, az összes bibliai rész a Károli Bibliából származik. Engedéllyel felhasználva.

Copyright © 2009 Dr. Jaerock Lee
ISBN: 979-11-263-1205-4 03230
Fordítói copyright © 2005 Dr. Esther K. Chung. Engedéllyel felhasználva

Korábban koreai nyelven kiadta az Urim Books, 2004-ben.
Első kiadás 2005 szeptember
Második kiadás 2009 augusztus

Szerkesztette Dr. Geumsun Vin
Tervezte az Urim Books tervező részlege
További információért lépjen kapcsolatba: urimbook@hotmail.com

Előszó

Imádkozom azért, hogy Isten az Alkotó hatalma és Jézus evangéliuma által minden ember megtapasztalja a Szentlélek tüzes munkáját...

Köszönettel tartozom Isten Atyának, aki megáldott minket, hogy egyetlen könyvben kiadhassuk a tizenegyedik kéthetes speciális újjászületés anyagát, mely 2003 májusban történt, "Hatalom" címmel, ahol nagyszámú tanúságtétellel dicsőítettük Istent.

1993 óta a templom megalakulásának tízedik évfordulóján Isten elkezdte táplálni a Központi Manmin Templom tagjait, hogy igaz hitük legyen, és szellemi emberekké váljanak az éves kéthetes speciális újjáéledési összejövetelek által.

Az 1999-es összejövetel témája "Isten a szeretet" volt, Isten megengedte nekünk, hogy áldásos próbatételeken menjünk át, hogy rájöjjünk az igaz evangélium jelentőségére, megvalósítsuk a törvényt a szeretetben, és hasonlítsunk az Urunkra, aki csodálatos hatalmat nyilvánított meg.

A millennium hajnalán 2000-ben annak érdekében, hogy a világ összes népe megtapasztalhassa Isten az Alkotó hatalmát, és Jézus Krisztus evangéliumát, valamint a Szentlélek tüzes munkáját, Isten áldásából közvetítettük az összejöveteleket a Moogoonghwa szatellit és az Internet által. 2003-ban közel 300 templom közönsége a teljes Korea területéről, és további tizenöt országból részt vettek az újjászületési összejövetelen.

Isten hatalma bevezeti azt a folyamatot, amelyben az ember találkozik Istennel, és megkapja az Ő erejét, megtapasztalja a hatalom különböző szintjeit, az Alkotás Legmagasabb Hatalmát, amely túlmegy egy ember képességein, és bemutatja a helyeket, ahol az Ő hatalma megnyilvánul.

Isten, az Alkotó hatalma olyan mértékben száll le egy személyre, amennyire hasonlít Istenre, aki a Fény maga. Sőt, amikor Istennel eggyé válik a szellemében, meg tudja mutatni azt a hatalmat, amelyet Jézus is megmutatott. Ez azért van, mert János evangéliumának 15, 7 versében az Úr ezt mondja nekünk: "Ha én bennem maradtok, és az én beszédeim bennetek maradnak, kérjetek, a mit csak akartok, és meglesz az néktek."

Mivel személyesen megtapasztaltam az örömöt és boldogságot akkor, amikor hét év után meggyógyultam, annak érdekében, hogy erőteljes szolga legyek, aki hasonlít Istenre, böjtöltem és imádkoztam számos napon át, miután elhívattam az Úr szolgálójaként. Jézus ezt mondja nekünk Márk evangéliumának 9, 23 versében: "Jézus pedig monda néki: Ha hiheted azt, minden lehetséges a hívőnek." Én azért is böjtöltem és imádkoztam, mert szorosan tartottam magma Jézus ígéretéhez: "Bizony, bizony mondom néktek: A ki hisz én bennem, az is cselekszi majd azokat a cselekedeteket, a melyeket én cselekeszem; és nagyobbakat is cselekszik azoknál; mert én az én Atyámhoz megyek." (János evangéliuma 14, 12). Ennek eredményeképpen az eves újjáéledési összejövetelek által Isten csodálatos jeleket mutatott nekünk, és számos választ és gyógyulást megmutatott nekünk. Sőt, a 2003-as újjáéledési összejövetel alatt Isten a Hatalmának a kinyilvánítását azokra összpontosította, akik vakok, járásképtelenek, vagy beszédhibásak voltak. Bár az orvostudomány fejlődött és jelenleg is fejlődik, szinte lehetetlen a süket embereknek az, hogy a hallásukat visszakapják. A Mindenható Isten azonban kinyilvánította az Ő hatalmát, és amikor a pulpitusról imádkoztam, az alkotás hatalmának munkája megújította a halott szöveteket, sejteket, és az emberek hallottak, láttak és beszéltek. Ráadásul a hajlott gerincek kiegyenesedtek, a merev csontok ellazultak, amire az emberek eldobhatták a botjaikat, kiszálltak a tolószékükből, felálltak, jártak és ugráltak.

Isten csodálatos munkája átlép az időn és a téren. Az emberek, akik megnézik az újjászületési összejöveteleket a szatellitek segítségével és az Interneten szintén megtapasztalják Isten hatalmát, és a tanúságtételeik ma is elérkeznek hozzánk.

Ezért a 2003-as újjászületés üzenetei – amelyen számtalan ember újjászületett az igazság szavai által, új életet kaptak, üdvözültek, válaszokat kaptak, meggyógyultak, megtapasztalták Isten hatalmát és Őt dicsőítették – egyetlen könyvben kerültek kiadásra.

Különösen köszönettel tartozom Geumsun Vin-nek, a szerkesztői iroda igazgatójának, valamint a fordítói irodának a kemény munkájukért és elkötelezettségükért.

Azt kívánom, hogy mindannyian tapasztaljátok meg Istennek, az Alkotónak a hatalmát, Jézus Krisztus evangéliumát, a Szentlélek tüzes munkáját, és a boldogság árassza el az életeteket – mindezekért imádkozom, az Úr Jézus Krisztus nevében!

Jaerock Lee

Bevezetés

Egy kihagyhatatlan olvasmány, mely eligazítást nyújt az igaz hit eléréséhez, és Isten csodálatos hatalmának megtapasztalásához

Istennek köszönettel és dicsőséggel tartozom, mert megadta a számunkra, hogy egyetlen könyvben kiadjuk a "Tizenegyedik kéthetes speciális újjászületési összejövetel üzeneteit Dr. Jaerock Lee-vel", mely 2003 májusában zajlott, Isten csodálatos és nagyszerű hatalmának jegyében.

Isten hatalma eláraszt majd kegyelemmel és hevességgel, mivel kilenc olyan üzenetet tartalmaz, amelyek "Hatalom" címszó alatt hangzottak el az újjászületési összejövetelen, valamint olyan egyének bizonyságtételét is, akik közvetlen módon megtapasztalták az élő Isten hatalmát és Jézus Krisztus evangéliumát.

Az Első Üzenetben, melynek címe "Hinni Istenben" Isten azonosságát, azt, hogy mit kell hinnünk Benne, és annak a módjait, hogyan kell Vele találkoznunk és Őt megtapasztalnunk

– írom le.

A Második Üzenetben, "Hinni az Úrban" megtárgyaljuk Jézus célját, amikor a földre jött, azt: miért Jézus az egyedüli megmentőnk, és hogy miért nyerjük el az üdvösséget és kapunk válaszokat, amikor hiszünk az Úrban.

A Harmadik Üzenet, "Egy edény, mely szebb, mint egy ékszer" azt mutatja be, hogy mi szüksége sahhoz, hogy Isten szemében értékes, nemes és gyönyörű edények legyünk, és hogy milyen áldások hullnak egy ilyen edénybe.

A Negyedik Üzenet, "A fény" bemutatja a spirituális fényt, azt hogy mit kell tennünk annak érdekében, hogy Istennel találkozhassunk, aki a Fény, és hogy milyen áldásokban less részünk, ha a fényben járunk.

Az Ötödik Üzenet, "A fény hatalma" bemutatja Isten hatalmának négy különböző szintjét, amelyet az emberi lények nyilvánítanak ki, egy sor szín és fény segítségével, valamint bemutat különböző típusú igaz bizonyságtételt gyógyulásokról, amelyek ezeken a szinteken valósultak meg. Sőt, azzal, hogy bevezeti az Alkotás Hatalmának Legmagasabb Szintjét, Isten hatalmának véghetetlensége és az: hogyan kaphatjuk meg a fény hatalmát – mindez elénk tárul.

Annak a folyamatnak az alapján, amelyben a vakon született ember látóvá vált a Jézussal történt találkozása után, valamint néhány ember bizonyságtétele alapján, akik visszanyerték a látásukat és megjavult a szemük, a Hatodik Üzenet, "A vakok szeme kinyílik" segít megtapasztalnod első kézből Isten az Alkotó hatalmát.

A Hetedik Üzenetben "Az emberek felállnak, járnak és lépkednek" egy béna ember jelenik meg, aki Jézus elé jön a barátai segítségével, és feláll és jár. Ezt a történetet részletesen kitárgyalja ez a fejezet. Sőt, az Üzenet felvilágosítja az olvasót azokról a hitbéli cselekedetekről, amelyeket be kell mutatniuk Isten előtt azért, hogy ilyen hatalmat meg tudjanak tapasztalni ma.

A Nyolcadik Üzenet, "Az emberek örülnek majd, énekelnek és táncolnak" egy süketnéma történetét mutatja be, aki meggyógyul, amikor Jézus elé járul, és bemutatja azokat a módszereket, amelyek segítségével ma is megtapasztalhatunk ilyen ezt a fajta hatalmat.

Végül a Kilencedik Fejezet, "Isten kifogyhatatlan gondviselése" az utolsó napokról tartalmaz próféciát, valamint Isten gondviselését a Manmin Központi Templom számára. Ezt, mindkettőt Isten tárta fel előttem a húsz év alatt, mióta a Manmin megalakult, és ezeket világosan elmagyarázom.

Azt kívánom, hogy e munka által számos ember megtapasztalja az igaz hitet, mindig érezze Isten az Alkotó hatalmát, és a Szentlélek edényeivé váljanak, valamint megvalósítsák az Ő gondviselését, a mi Urunk Jézus Krisztus nevében imádkozom!

Geumsun Vin
A Szerkesztői Iroda Igazgatója

Tartalomjegyzék

Első Üzenet

Istenben hinni (A zsidókhoz írt levél 11,3) · 1

Második Üzenet

Az Úrban hinni (A zsidókhoz írt levél 12, 1 - 2) · 25

Harmadik Üzenet

Egy edény, mely szebb, mint egy ékszer

(2 Timóteus 2, 20 - 21) · 47

Negyedik Üzenet

A Fény (1 János 1, 5) · 67

Ötödik üzenet

A Fény hatalma (1 János 1, 5) · 85

Hatodik Üzenet

A vakok szeme kinyílik

(János evangéliuma 9, 32 – 33) · 117

Hetedik Üzenet

Az emberek felállnak, lépnek és járnak

(Márk evangéliuma 2, 3 - 12) · 135

Nyolcadik Üzenet

Az emberek örülnek, táncolnak és énekelnek majd

(Márk evangéliuma 7, 31 - 37) · 157

Kilencedik Üzenet

Isten kifogyhatatlan gondviselése

(Mózes ötödik könyve 26, 16 - 19) · 179

Első Üzenet
Istenben Hinni

A zsidókhoz írt levél 11, 3

*Hit által értjük meg,
hogy a világ Isten beszéde által teremtetett,
hogy a mi látható,
a láthatatlanból állott elő.*

Az első eves kéthetes speciális újjáéledési összejövetel óta, mely 1993 májusban volt, számos ember megtapasztalta első kézből Isten hatalmát és munkáját, amely által olyan betegségek, amelyek nem gyógyulhattak meg az orvostudomány által, meggyógyultak, és olyan problémák, amelyeket a modern tudomány nem tudott megoldani, megoldódtak. Az elmúlt tizenhét évben Isten megerősítette a Szavait a jelekkel, amelyek azt követték, ahogy Márk evangéliumának 16, 20 versében is találjuk.

A mélységesen hívő üzenetek által, melyek az igazságosságról, húsról és szellemről, jóságról és fényről, szeretetről és hasonlókról szóltak, Isten a Manmin tagjait elvezette egy mélyebb spirituális birodalomba. Sőt, mindenik újjászületési összejövetel által Isten megengedte a számunkra, hogy megtapasztaljuk az Ő hatalmát első kézből, és így egy világ szinten ismert összejövetelen vehettünk részt.

Jézus ezt mondja nekünk Márk evangéliumának 9, 23 versében: "'Jézus pedig monda néki: Ha hiheted azt, minden lehetséges a hívőnek." Ezért ha igaz hitünk van, semmi sem lehetetlen a számunkra, és mindent megkapunk, amit keresünk.

Mit kell hinnünk, és hogyan kell azt hinnünk akkor? Ha nem ismerjük és hisszük Istent jól, nem leszünk képesek megtapasztalni az Ő hatalmát, és nehéz lenne Tőle válaszokat kapnunk. Ezért a helyes megértés és helyes hit nagyon fontos a számunkra.

Ki Isten?

Először: Isten a szerzője a Biblia hatvanhat könyvének. Timóteus második levelének 3, 16 verse erre emlékeztet bennünket: "A teljes írás Istentől ihletett és hasznos a tanításra, a feddésre, a megjobbításra, az igazságban való nevelésre." A Bibliában hatvanhat könyv van, és azt feltételezik, hogy harmincnégy különböző ember jegyezte azt le, 1.600 év alatt. Azonban a legcsodálatosabb dolog a Bibliával kapcsolatban az, hogy – annak ellenére, hogy olyan sok ember jegyezte le, és oly hosszú idő alatt – az elejétől a végéig teljesen összefüggő, és a részek megfelelnek egymásnak. Más szóval a Biblia Isten Szava, melyet különböző emberek írtak le az inspiráció hatására, akiket Isten megfelelőnek tartott erre a történelem különböző szakaszaiban, és a Biblia által Isten feltárja Önmagát a számunkra. Ezért azok, akik elhiszik, hogy a Biblia Isten szava, és engedelmeskednek neki, megtapasztalhatják az áldásokat és a kegyelmet, amit Ő ígért.

Isten ezt állítja magáról: "Vagyok, aki vagyok" (Exodus 3, 14). Az ember által teremtett, vagy általa faragott bálványokkal ellentétben a mi Istenünk az igaz Isten, aki elejétől kezdve létezik, egészen az idők végéig. Sőt, úgy is leírhatjuk Istent, mint szeretet (János első levele 4, 16), fényt (János első levele 1, 5), és mint az összes dolog bíráját az idő végezeténél. Azonban mindenekelőtt arra kell emlékeznünk, hogy Isten, az Ő elképesztő hatalmával mindent megalkotott a mennyben és a földön. Ő a Mindenható, aki kinyilvánította a csodálatos hatalmát az Alkotás napjától egészen a mai napig.

Minden dolog alkotója

A Genezis 1, 1-ben azt találjuk, hogy "Kezdetben teremté Isten az eget és a földet" A zsidókhoz írt levél 11,3 ezt mondja nekünk: "Hit által értjük meg, hogy a világ Isten beszéde által teremtetett, hogy a mi látható, a láthatatlanból állott elő."

Az üresség állapotában az idők elején minden megalakult az univerzumban, Isten hatalma által. Az Ő hatalmával Isten megalkotta a napot, a holdat és a csillagokat, a fákat és növényeket, madarakat és állatokat, a halakat a tengerben, valamint az embert.

Ennek ellenére sok ember képtelen hinni Istenben, az Alkotóban, mivel a teremtés fogalma egyszerűen ellentétes azzal a tudással vagy tapasztalattal, amit megszereztek a földön. Például: ezen emberek fejében lehetetlenség az, hogy a semmiből Isten parancsa által megteremtődött minden az univerzumban. Ezért született meg az evolúció elmélete. Ennek követői azt állítják, hogy egy élő szervezet létrejött a véletlen által, fejlődött magától, majd sokasodott. Ha az emberek ezzel a tudáskerettel tagadják Isten szerepét az univerzum megalkotásában, nem képesek a Biblia többi részét elhinni. Nem képesek hinni azt, ha valaki a menny és a pokol létezéséről prédikál, mert soha nem voltak ott, és nem tudnak hinni Isten Fiának a kinyilatkoztatásában sem, aki megszületett emberként, meghalt, feltámadt, majd felment a mennybe.

Azonban azt látjuk, hogy ahogy a tudomány fejlődik, az

evolúció hibáit feltárják, míg a teremtés-elmélet létjogosultsága egyre nagyobb. Ha nem is mutatunk be egy sor tudományos bizonyítékot, többmilliárd példája van a teremtésnek.

Bizonyítékok, amelyekkel hihetünk Istenben, a Teremtőben

Itt van egy ilyen példa. Több mint kétszáz ország, és ennél is több különböző etnikai csoport létezik. Attól függetlenül, hogy fehérek, feketék vagy sárgák, mindenik fajtának két szeme van. Mindeniknek két füle, egy orra, és két orrlyuka van. Ez a minta nem csak az emberi lényekre vonatkozik, hanem a földi állatokra, az ég madaraira, és a tenger halaira is. Csak azért, mert egy elefánt törzse rendkívül hosszú és széles, nem jelenti azt, hogy több orrlyuka van, mint kettő. Mindenik emberi lény, állatok, madarak, valamint a halak is, egy szájjal bírnak, és a száj elhelyezkedése teljesen azonos. Kis eltérések léteznek abban, hogy a különböző fajoknál a szervek hol helyezkednek el, azonban a szerkezet és az elhelyezkedés nagyjából megkülönböztethetetlen.

Hogyan történhetett mindez "véletlenül"? Ez egy szilárd

bizonyíték arra, hogy egyetlen Alkotó tervezte meg és alkotta meg az embereket, állatokat, madarakat és halakat. Ha egynél több alkotó lett volna, az élőlények kinézetele és szerkezete sokkal különbözőbb lenne, mivel minden alkotónak más preferenciája lett volna. Azonban, mivel a mi Istenünk az egyetlen Alkotó, minden élőlény az azonos tervezés szerint teremtődött meg.

Sőt, további számos bizonyítékot találhatunk a természetben és az univerzumban, és ezek mindenike arra vezet minket, hogy elhiggyük: Isten teremtett meg mindent. Ahogy A rómaiakhoz írt levél 1, 20 mondja nekünk: "Mert a mi Istenben láthatatlan, tudniillik az ő örökké való hatalma és istensége, a világ teremtésétől fogva az ő alkotásaiból megértetvén megláttatik; úgy, hogy ők menthetetlenek." Isten úgy alkotta meg az összes dolgot, hogy az Ő létének igazsága nem tagadható, és nem vonható vissza.

Habakuk 2, 18 - 19-ben Isten ezt mondja nekünk: "Mit használ a faragott kép, hogy a faragója kifaragta azt? vagy az öntött kép és a mely hazugságot tanít, hogy a képnek faragója bízik abban, csinálván néma bálványokat? Jaj annak, aki fának mondja: Serkenj fel! néma kőnek: Ébredj fel! Taníthat-é ez? Ímé, borítva van aranynyal és ezüsttel, lélek pedig nincs benne semmi!"

Ha hittél bálványokban, vagy szolgáltad őket, mert nem ismerted Istent, alaposan meg kell bánnod a bűneidet úgy, hogy széthasítod a szíved.

Bibliai bizonyítékok, amelyek által elhihetjük Isten, az Alkotó létezését

Még most is vannak olyan emberek, akik képtelenek hinni Istenben, pedig számtalan bizonyíték létezik körülöttük. Ezért Isten, kinyilvánítva az Ő hatalmát – bemutatott nekünk egyértelműbb és megkérdőjelezhetetlenebb bizonyítékokat arra nézve, hogy Ő valóban létezik. A csodák által, amelyekre emberek nem képesek, Isten lehetővé tette az emberek számára, hogy higgyenek az Ő létezésében és csodálatos munkájában.

A Bibliában számos rendkívüli történet van, amelyekben megnyilvánul Isten hatalma. A Vörös-tenger kettévált, a nap megállt az égen, vagy visszafele ment, és a mennyei tűz leszállt. A keserűvíz a vadonban édes, iható vízzé vált, míg egy sziklából víz szökött fel. A halottak feltámadtak, a betegségek meggyógyultak, és látszólag vesztett csatákat megnyertek.

Amikor az emberek hisznek a Mindenható Istenben és Tőle kérnek, megtapasztalhatják az Ő hatalmának elképzelhetetlen munkáját. Ezért Isten a Bibliában számos olyan esetet mutat be, amelyben megnyilvánult az Ő hatalma, és megáldott minket, hogy higgyünk.

Azonban az Ő hatalmának munkái nem csak a Bibliában léteznek. Mivel Isten nem változik, az Ő számtalan jelével, csodájával, és az Ő hatalmának munkáival kinyilvánítja az Ő hatalmát az igaz hívők által az egész földön manapság. Mert Ő ezt ígérte nekünk. Márk evangéliumának 9, 23 versében Jézus bebiztosít minket: "Jézus pedig monda néki: Ha hiheted azt, minden lehetséges a hívőnek." Márk evangéliumának 16, 17 - 18 verseiben az Úr emlékeztet minket: "Azokat pedig, a kik hisznek, ilyen jelek követik: az én nevemben ördögöket űznek; új nyelveken szólnak. Kígyókat vesznek föl; és ha valami halálost isznak, meg nem árt nékik: betegekre vetik kezeiket, és meggyógyulnak."

*"Mennyire hálás voltam,
amikor megmentetted az életem...
Azt gondoltam, életem végéig
a botomra támaszkodom majd...*

*Most tudok járni...
Atyám, Atyám, köszönöm Néked!"*

Johanna Park diakonissza,
aki életre szóló fogyatékossággal bírt,
eldobja a botjait és jár,
miután meghallgatja az imát

Isten hatalma, ahogy megjelent a Manmin Központi Templomban

A templom, ahol vezető lelkészként dolgozom, a Manmin Központi Templom, újra és újra megmutatta Isten, a Teremtő hatalmát, mivel megpróbáljuk a világ minden táján terjeszteni az evangéliumot. Az 1982-es alapítástól mostanáig a Manmin Központi Templom számtalan embert elvezetett az üdvösségre Isten, az Alkotó hatalma által. Az Ő hatalmának a megnyilvánulása a betegségek és gyengeségek meggyógyulása is. Számos ember "gyógyíthatatlan" betegsége, beleértve a rákot, tüdőgyulladást, bénulást, gerincproblémákat, ízületi gyulladást, sérvet, leukémiát és hasonlókat, meggyógyult. A démonokat elűztük, a bénák felálltak és jártak, és azok, akik balesetek miatt lebénultak, meggyógyultak szintén. Ráadásul az ima meghallgatása után nyomban meggyógyultak azok is, akik égési sebektől szenvedtek, és nem maradt rajtuk semmilyen sebhely. Mások, akiknek a teste merev volt, vagy nem voltak öntudatuknál az agyi vérzésük vagy különböző gázmérgezések miatt, azonnal meggyógyultak. Megint mások, akiknek a lélegzete is leállt már, az ima meghallgatása után életre keltek.

Sokan mások, akik nem voltak képesek megfoganni öt,

"Vágyom, hogy hozzád menjek,
Atyám, de mi történik
A szeretteimmel majd, ha elmentem?
Uram, ha egy új életet adsz nekem,
Neked fogom ajánlani azt!"

Moonki Kim plébános,
aki váratlanul összeesett az agyvérzéstől,
magához tér, és feláll, miután meghallgatja
Dr. Jaerock Lee imáját

hét, tíz, akár húszévi házasság után sem, megkapták a megfogantatás áldását az ima meghallgatása után. Számos olyan egyén, aki nem tudott hallani, látni és beszélni, dicsőítette Istent, miután ezeket a képességeket megkapta az ima által.

Bár az orvostudomány és az általános tudomány évről évre nagy lépésekben fejlődik, évszázadról évszázadra, a halott idegszálak nem élednek fel, és a veleszületett süketség vagy vakság nem gyógyítható. Azonban a Mindenható Isten bármit megtehet, mivel Ő képes a semmiből is teremteni.

Én magam is megtapasztaltam a Mindenható Isten hatalmát. Mielőtt elkezdtem hinni Benne, hét évig a halál árnyékában éltem. Minden testrészem beteg volt, a két szemem kivételével, és a "betegségek áruháza" gúnynévvel illettek. Hiába próbálkoztam a nyugati és keleti orvostudománnyal, a leprásoknak való gyógyszerekkel, mindenféle gyógynövénnyel, medvék és kutyák epehólyagjával, százlábúakkal, és még vizelettel is. Minden erőfeszítésem ellenére, amelyet ez alatt a hét év alatt tettem, nem tudtam meggyógyulni. 1974 tavaszán nagy volt az elkeseredettségem, és ekkor egy hihetetlen élményben volt részem. Ahogy találkoztam a Mindenható Istennel, abban a

pillanatban meggyógyította az összes betegségemet. Azóta
Isten megóvott, és soha nem voltam beteg. Ha éreztem is
egy kis kényelmetlenséget a testrészeimben, a hittel való
imám után azonnal meggyógyultam.

Magamon és a testvéreimen kívül tudom, hogy a
Központi Manmin Templom tagjai is őszintén hisznek a
Mindenható Istenben, és így ők mindig egészségesek
fizikailag, és nem függnek az orvostudománytól. Isten a
Gyógyító kegyelme iránti hálából sokan, akik
meggyógyultak, ma a templomot szolgálják, mint Isten
hűséges szolgálói, presbiterek, diakónusok és diakonisszák,
és mint munkások.
Isten hatalma nem korlátozódik a betegségek és
gyengeségek meggyógyítására. A templomunk 1982-ben
alakult, és ez óta számos Manmin tag megtapasztalt
számtalan olyan esetet, amikor az Isten hatalmába vetett
hittel történt ima ellenőrizni tudta az időjárást, mivel
megállította az erős esőzéseket, megvédte a Manmin
tagokat az erős naptól a felhők által, és a tájfunokat
megállította, vagy megváltoztatta az irányukat. Például
minden júliusban és augusztusban nyári lelkigyakorlat
napokat tartunk. Dél-Korea többi részén lehetnek tájfunok
és áradások, azokon a helyeken azonban, ahol a

lelkigyakorlatokat tartjuk, nem esik az eső, és nem történnek természeti katasztrófák. A Manmin templom tagjai állandóan szivárványokat látnak, még akkor is, ha korábban nem esett az eső.

Van egy még csodálatosabb oldala is Isten hatalmának. Az Ő hatalma még akkor is megnyilvánul, amikor nem imádkozom a beteg emberekért. Sok ember dicsőíti Istent, miután megtapasztalja az áldást és gyógyulást az "Ima a betegekért" által, amelyet a pulpitusról a teljes egyházközösségnek címezek, és miután meghallgatja a kazettákon, az Interneten és az automatizált telefonos rendszeren rögzített imámat.

Az Apostolok cselekedetei 19, 11 – 12-ben ezt találjuk: "És nem közönséges csodákat cselekszik vala az Isten Pál keze által: Annyira, hogy a betegekhez is elvivék az ő testéről a keszkenőket, vagy kötényeket, és eltávozának azoktól a betegségek, és a gonosz lelkek kimenének belőlök." A zsebkendők által, amelyek fölött imádkoztam, Isten csodálatos munkái szintén megnyilvánultak.

Amikor ráhelyezem a kezem a beteg emberek fényképeire, és értük imádkozom, az egész világon gyógyulások történnek, olyanok, amelyek az idő és a tér korlátait meghaladják. Ezért mikor tengerentúli misszióra megyek, mindenféle betegségek és gyengeségek, beleértve a halálos AIDS-et is, meggyógyul egyetlen pillanat alatt Isten hatalma által, amely az idő és a tér fölött áll.

Megtapasztalni Isten hatalmát

Azt jelenti-e ez, hogy bárki, aki hisz Istenben, megtapasztalhatja az Ő hatalmának negyszerűségét, és áldásban és válaszokban részesülhet? Számos ember megvallja a hitét Istenben, de nem mind tapasztalja meg az Ő hatalmát. Csak akkor tapasztalhatod meg az Ő hatalmát, amikor a cselekedeteid tanúskodnak a hitedről, és Ő elismeri: "Tudom, hogy hiszel bennem."

Isten már azt is "hitnek" fogja tekinteni, ha valaki meghallgatja egy másik ember prédikációját, és ennek a hatására eljön egy istentiszteletre. Azonban annak érdekében, hogy igaz hited lehessen, amellyel meggyógyulhatsz, és válaszokat kaphatsz, meg kell tudnod és meg kell hallgatnod: ki Isten, miért Jézus a Megmentőnk, valamint meg kell ismerned a mennyország és a pokol létezését is. Amikor megérted ezeket a tényezőket, megbánod a bűneidet, elfogadod Jézus Krisztust a Megmentődként, és megkapod a Szentlelket, megkapod Isten gyermekének a jogát. Ez az első lépés az igaz hit felé.

Azok az emberek, akiknek igaz hitük van, ilyen cselekedeteket fognak mutatni, és tanúbizonyságot tesznek a hitükről. Isten látni fogja a hitbéli cselekedeteket, és megválaszolja a szívük kívánságát. Azok, akik megtapasztalják az Ő hatalmának munkáit, bemutatják a hitük bizonyítékait Neki, és őket Isten elismeri.

Isten kedvére tenni a hitbeli cselekedetekkel

Itt van néhány példa a Bibliából. Először, a Királyok második könyvének 5. versében találjuk Naámán történetét, aki Arám király seregének hadvezére volt. Naámán megtapasztalta Isten munkájának hatalmát, miután tetteivel bemutatta a hitét: engedelmeskedett Élisa szavainak, aki által Isten szólt hozzá.

Naámán Arám királyságának egyik kitűnő hadvezére volt. Amikor kiderült, hogy leprája van, Naámán meglátogatta Elisát, akiről azt tartották, hogy csodás

cselekedeteket képes létrehozni. Amikor egy olyan befolyásos és híres hadvezér, mint Naámán megérkezett Elisához sok arannyal, ezüsttel és ruhákkal, a próféta csak egy hírnököt küldött hozzá, akivel ezt üzente neki: "Menj, és mosd meg magad hétszer a Jordán folyóban" (10. vers).
Eleinte Naámán azért volt mérges, mert nem fogadta megfelelően a próféta. Ráadásul ahelyett, hogy Élisa imádkozott volna érte, azt az utasítást kapta, hogy menjen és mossa meg magát a Jordán folyóban. Azonban Naámán hamar megváltoztatta a véleményét, és engedelmeskedett. Bár Elisa szavai nem tetszettek neki és nem egyeztek a gondolatmenetével, Naámán elhatározta, hogy engedelmeskedik Isten prófétájának.

Amikor Naámán megmosta magát hatszor a Jordán folyóban, azt látta, hogy a leprája nem gyógyult meg. Azonban amikor Naámán hetedszerre is megmosta magát a Jordán folyóban, a húsa megtisztult: olyan lett, mint egy fiatal fiú teste (14. vers).

Spirituális értelemben a "víz" Isten szavát jelképezi. A tény, hogy Naámán elmerült a Jordán folyóban azt szimbolizálja, hogy az Ő szava által Naámán megtisztult a bűneitől. Továbbá a "hetes" szám a tökéletességet is jelképezi: a tény, hogy hétszer mosakodott meg a folyóban azt jelenti, hogy a hadvezér teljes megbocsájtást nyert.

Ugyanígy ha arra vágyunk, hogy Istentől válaszokat kapjunk, alaposan meg kell bánnunk a bűneinket, ahogy Naámán is tette. A megbánásnak nincs vége pusztán azzal, hogy ezt mondjuk: "Megbántam, hogy rosszat cselekedtem." "Ketté kell hasítanod a szíved" (Joel 2, 13). Továbbá, amikor alaposan megbánod a bűneidet, meg kell ígérned azt is, hogy soha többé nem követed el ugyanezeket a bűnöket. Csak amikor a bűn fala, ami közted és Isten között létezik, megszűnik létezni, csak akkor fog a boldogság belülről fakadni, a problémáid megoldódnak, és a szíved vágyaira választ kapsz.

Másodszor: A királyok első könyvének 3. versében Salamon királyt látjuk, amint ezer állati áldozatot ajánl fel Istennek. Ezekkel az áldozatokkal Salamon bemutatta a hitét azért, hogy Istentől válaszokat kapjon, és ezért nem csak azt kapta meg Istentől, amit kért, hanem azt is, amit nem.

Salamon részéről nagy elkötelezettséget kívánt az, hogy ezer áldozatot felajánljon. Minden áldozatért a királynak állatokat kellett elfognia, és elő kellett készítenie őket. El tudod képzelni, mennyi időt, erőfeszítést és pénzt igényelt ez a király részéről? Ha Salamon király nem hitt volna az élő Istenben, ez a fajta elkötelezettség nem lett volna lehetséges a részéről.

Amikor látta Salamon elkötelezettségét, Isten nemcsak bölcsességet adott neki – amit a király eredetileg kért – hanem gazdagságot és tiszteletet is. Olyannyira, hogy a királyok között nem volt még egy hasonló egész életében. Végül Máté evangéliumának 15. versében egy nő történetét találjuk, aki a szíriai Főniciából származott, és a lánya démonok által megszállott volt. A lány Jézus elé jött állhatatos és alázatos szívvel, kérte Őt, hogy gyógyítsa meg, és végül a szíve kívánsága teljesült. Azonban a nő komoly könyörgésére Jézus eleinte nem válaszolt így: "Rendben, a lányod meg fog gyógyulni." Ehelyett ezt mondta a nőnek: "Nem jó a fiak kenyerét elvenni, és az ebeknek vetni." (26. vers). A nőt egy kutyához hasonlította. Ha a nő hitetlen lett volna, nagyon szégyellte volna magát, vagy nagyon dühös lett volna. Azonban ez a nő hívő volt, ezért Jézus válasza garantált volt a számára, és nem volt csalódott sem, és nem is félt. Ehelyett még alázatosabban kapaszkodott Jézusba, mondván: "Igen, Uram, de még a kutyák is ehetnek a morzsákból, melyek lehullanak a gazdáik asztaláról." Ekkor Jézust elöntötte az öröm a nő hitét látva, és azonnal meggyógyította a démonok által megszállt lányt.

Hasonlóképpen, ha gyógyulást és válaszokat szeretnél, végig bizonyítanod kell a hitedet. Sőt, ha olyan hited van, amely által válaszokat kaphatsz Tőle, fizikailag is képviselned kell magad Isten előtt.

Természetesen – mivel Isten hatalma rendkívüli módon megnyilvánul a Manmin Központi Templomban – lehetséges a gyógyulás fényképek vagy olyan zsebkendő által is, amely fölött korábban imádkoztam. Azonban a beteg ember – hacsak nincs kritikus állapotban vagy külföldön – maga is Isten elé kell hogy járuljon. Csak Isten szavának meghallása után, és a hit megépítése után lehet megtapasztalni Isten hatalmát. Sőt, ha a személy szellemileg visszafejlődött vagy démonok által megszállt, és ezért nem képes Isten elé járulni a saját hite által, akkor – ahhoz a nőhöz hasonlóan, aki a szíriai Föníciából származott – a szülei vagy családja kell hogy Isten elé jöjjön a helyében, szeretettel és hittel.

Ezekre ráadásul számos más módja is létezik a hit bizonyításának. Például egy olyan személy esetében, aki rendelkezik a hittel, mellyel válaszokat kaphat, a boldogság és a hála mindig nyilvánvaló. Márk evangéliumának 11, 24 versében Jézus ezt mondja nekünk: "Azért mondom néktek: A mit könyörgéstekben kértek, higyjétek, hogy mindazt megnyeritek, és meglészen néktek." Ha van igaz hited, örökké hálásnak és boldognak kell lenned. Ha megvallod a hited Istenben, engedelmeskedsz Neki, és a

Szava szerint fogsz élni ezáltal. Mivel Isten fény, arra fogsz törekedni, hogy a fényben járj, és átalakulj.

Istennek örömöt szerez a hitbeli cselekedetünk, és megválaszolja a szívünk kívánságát. Rendelkezel azzal a hittel, amelyet Isten is jóváhagy?

A zsidókhoz írt levél 11, 6 versében erre emlékeztetnek bennünket: "Hit nélkül pedig lehetetlen Istennek tetszeni; mert a ki Isten elé járul, hinnie kell, hogy ő létezik és megjutalmazza azokat, a kik őt keresik."

Azzal, hogy megfelelően megértjük: mit jelent hinni Istenben, és bemutatjuk a hitünket, azt kívánom: mindannyiotok legyetek az Ő kedvére, tapasztaljátok meg az Ő hatalmát, és áldott életet éljetek, a mi Urunk, a Jézus Krisztus nevében imádkozom ezért!

Második üzenet
Hinni az Úrban

A zsidókhoz írt levél 12, 1 – 2

*Annakokáért mi is,
kiket a bizonyságoknak ily nagy fellege vesz körül,
félretéve minden akadályt és a megkörnyékező bűnt,
kitartással fussuk meg
az előttünk levő küzdő tért.
Nézvén a hitnek fejedelmére és bevégezőjére Jézusra,
a ki az előtte levő öröm helyett,
megvetve a gyalázatot,
keresztet szenvedett,
s az Isten királyi székének jobbjára ült.*

Számtalan mai ember hallott már "Jézus Krisztus" nevéről. Meglepően sok az olyan ember azonban, akik nem tudják: miért Jézus az egyedüli Megmentő az emberiség számára, és miért csak akkor üdvözülhetünk, ha hiszünk Jézus Krisztusban. Még rosszabb: léteznek olyan keresztények is, akik nem képesek ezekre a kérdésekre választ adni, bár közvetlenül kapcsolatban állnak az üdvösséggel. Ez azt jelenti, hogy ezek a keresztények úgy élik az életüket a Krisztusban, hogy nincsenek teljesen tudatában ezeknek a kérdéseknek a jelentőségével.

Csak akkor tapasztalhatjuk meg Isten hatalmát, amikor helyesen megértettük: miért Jézus az egyedüli Megmentőnk, és mit jelent hinni Benne és elfogadni Őt, valamint elérjük az igaz hitet.

Vannak olyan emberek, akik Jézust egyszerűen a négy szentek egyikének tartják. Mások azt hiszik, hogy Ő a kereszténység megalapítója, vagy egy olyan nagylelkű ember, aki élete során rengeteg jó cselekedetet hajtott végre.

Azonban nekünk, akik Isten gyermekei lettünk, meg kell

vallanunk azt, hogy Jézus az egyetlen Megmentője az emberiségnek, aki az összes embert megszabadította a bűneitől. Hogyan is tudnánk összehasonlítani Isten egyetlen Fiát, Jézus Krisztust, az emberi lényekkel, akik csupán teremtmények? Még Jézus idejében is, azt látjuk, hogy az emberek különböző szemszögekből tekintettek Rá.

Isten, az Alkotó Fia, a Megmentő

Máté evangéliumának 16. részében, amelyben Jézus megkérdezi a tanítványait: "Engemet, embernek Fiát, kinek mondanak az emberek?" (13. vers). Amikor a tanítványok különböző emberek válaszait idézik, ezt sorolják ők: "Némelyek Keresztelő Jánosnak, mások Illésnek; némelyek pedig Jeremiásnak, vagy egynek a próféták közül." (14. vers). Ekkor Jézus megkérdezte a tanítványoktól: "Ti pedig kinek mondotok engem?" Amikor Péter válaszolt "Te vagy a Krisztus, az élő Istennek Fia" (16. vers), Jézus ezt mondta neki: "Boldog vagy Simon, Jónának fia, mert nem test és vér jelentette ezt meg néked, hanem az én mennyei Atyám." (17. vers). Azzal a számos munkával, amelyeket Jézus megnyilvánított Isten erejéről, Péter bizonyos volt abban, hogy Jézus volt Isten, az Alkotó Fia és a Krisztus, az emberiség Megmentője.

Az elején Isten egy embert teremtett a porból az Ő képére, és elvezette őt az Édenkertbe. A Kertben az életfa és a jó és a rossz tudásának a fája is megvolt, és Isten ezt parancsolta az első embernek, Ádámnak:

"És parancsola az Úr Isten az embernek, mondván: A kert minden fájáról bátran egyél. 17De a jó és gonosz tudásának fájáról, arról ne egyél; mert a mely napon ejéndel arról, bizony meghalsz." (Genezis 2, 16 - 17).

Hosszú idő eltelte után az első emberpárt, Ádámot és Évát megkísértette a kígyó, amit a Sátán bujtott fel, és ők ellenszegültek Isten parancsolatának. Végül ettek a jó és a rossz tudásának a fájáról, és kiűzettek a Paradicsomból. A tetteik következményeként Ádám és Éva leszármazottai örökölték az ő bűnös természetüket.

Pál első levele a korinthusiakhoz 6, versei ezt tartalmazzák: "Bölcseséget pedig a tökéletesek között szólunk; ámde nem e világnak, sem e világ veszendő fejedelmeinek bölcsességét; Hanem Istennek titkon való bölcsességét szóljuk, azt az elrejtetett, melyet öröktől fogva elrendelt az Isten a mi dicsőségünkre." Pál első levele a korinthusiakhoz 2, 8 – 9 pedig tovább emlékeztet minket a következőkre: "Melyet e világ fejedelmei közül senki sem ismert, mert ha megismerték volna, nem feszítették volna meg a dicsőség Urát: Hanem, a mint meg van írva: A miket szem nem látott, fül nem hallott és embernek szíve meg se gondolt, a miket Isten készített az őt szeretőknek.'"

Rá kell jönnünk: az üdvösség útja, amelyet Isten előkészített az emberiségnek az idő kezdete előtt a kereszt útja Jézus Krisztus által, és Isten bölcsessége, ami rejtve volt. Mint az Alkotó, Isten mindent irányít az univerzumban, és az emberiség történelmét is. Egy ország királya vagy elnöke a föld törvényei szerint irányítja az országot, egy felsővezető egy céget annak szabályainak megfelelően irányít, míg egy családfő a család szabályainak megfelelően irányítja a családját. Hasonlóképpen, bár Isten mindennek az ura az univerzumban, mindig a szellemi birodalom szabályainak megfelelően uralkodik, ahogy a Bibliában találjuk őket.

A szellemi birodalom szabályai alapján létezik egy

szabály: "A bűn fizetsége a halál." (Pál levele a rómaiakhoz 6, 23), ez a szabály megbünteti a bűnösöket, és létezik egy másik szabály is, amely megvált minket a bűneinktől. Ezt a szabályt Isten azért alkalmazta, hogy megváltson minket a bűn alól, és ezzel újraállítsa azt a tekintélyt, amely elveszett, amikor Ádám engedelmeskedett az ellenséges ördög akaratának.

Mi volt az a szabály, amely által az emberiséget meg lehetett váltani, és vissza lehetett állítani a tekintélyt, melyet Ádám eladott az ellenséges ördögnek? A "föld kiváltásáról szóló törvény" Isten még az idő kezdete előtt előkészítette az üdvösség útját az emberiség számára.

Jézus Krisztus megfelel a föld megváltásáról szóló törvénynek

Isten az izraelitáknak egy törvényt adott "a föld megváltásáról", mely a következőt diktálta: a földet nem lehet véglegesen eladni, ha valaki elszegényedett és eladta a földjét, a legközelebbi rokona vagy ő maga vissza kell hogy szerezze a földet, ezzel visszaállítva annak tulajdonjogát

(Leviticus 25, 23 - 28).

Isten előre tudta, hogy Ádám átadja a tekintélyt az ördögnek, amit Istentől kapott azzal, hogy engedelmeskedik annak. Sőt, mint az univerzum igazi és eredeti tulajdonosa, Isten átadta azt a tekintélyt, ami egykor Ádámé volt az ördögnek, ahogy a szellemi birodalom törvénye azt megkövetelte. Ezért, amikor az ördög megkísértette Jézust Lukács evangéliumának 4. versében azzal, hogy a világ összes királyságát megmutatta Neki, ezt mondhatta Jézusnak: "És monda néki az ördög: Néked adom mindezt a hatalmat és ezeknek dicsőségét; mert nékem adatott, és annak adom, a kinek akarom; Azért ha te engem imádsz, mindez a tied lesz." (Lukács evangéliuma 4, 6-7).

A föld megvásárlásának törvénye szerint az összes föld Istenhez tartozik. Ezért az ember soha nem tudja a földet örökre eladni, és amikor egy olyan egyén jelenik meg, akinek megvan a megfelelő képesítése, a földeket vissza kell adni ennek a személynek. Hasonlóképpen, mivel az univerzumban minden Isten tulajdona, Ádám semmit sem tudott végképp eladni, és az ördög sem birtokolhat semmit véglegesen. Ezért, amikor egy olyan személy jelent meg, aki képes volt Ádám elveszett tekintélyét visszaállítani, az ellenséges ördögnek nem volt más választása, mint megadni magát, és visszaadni a tekintélyt, amit Ádámtól kapott.

Az idő kezdete előtt az igazság Istene előkészített egy embert, aki hibátlan volt, és megfelelő képesítéssel rendelkezett arra, hogy a földeket visszaváltsa, és ez a fajta megváltás az emberiség számára Jézus Krisztus.

Hogyan tudta Jézus Krisztus visszavenni a tekintélyt az ellenséges ördögtől a föld visszavásárlásáról szóló törvény segítségével? Csak amikor teljesítette az alábbi négy követelményt, akkor tudta az embereket megváltani a bűneik alól, és ekkor tudta visszavenni a tekintélyt.

Először: a megváltónak egy embernek kell lennie, aki "Ádám legközelebbi rokona".

Mózes harmadik könyvének 25, 25 verse ezt mondja számunkra: "Ha elszegényedik a te atyádfia, és elad valamit az ő birtokából, akkor álljon elő az ő rokona, a ki közel van ő hozzá, és váltsa ki, a mit eladott az ő atyjafia." Mivel a "legközelebbi rokon" kiválthatja a földet, annak érdekében, hogy visszavegye a tekintélyt, melyet Ádám eltékozolt, ennek a "legközelebbi rokonnak" embernek kell lennie. Pál első levele a korinthusiakhoz 15, 21 – 22 versei ezt üzenik: "Miután ugyanis ember által van a halál, szintén ember által van a halottak feltámadása is. Mert a miképen Ádámban mindnyájan meghalnak, azonképen a Krisztusban is mindnyájan megeleveníttetnek." Más szóval, ahogy az emberi engedetlenséggel megjelent a halál, a lélek feltámadása is egy ember segítségével kell hogy megvalósuljon.

Jézus Krisztus "az Ige, mely testté lett" (János evangéliuma 1, 14). Ő Isten Fia, aki testté lett, és isteni és emberi természettel egyaránt bír. Sőt, az Ő megszületése egy történelmi esemény is, és számos bizonyíték van, mely igazolja az eseményt. Az emberiség történelmében az "i.e" a Krisztus születése előtti időket, míg az "i.u", vagy az "A.D" (latinul: Anno Domini), a Krisztus születése utáni időket jelenti.

Mivel Jézus Krisztus hús-vér emberként jelent meg a világon, ezért Ő Ádám "legközelebbi rokona", és teljesíti az első követelményt.

Másodszor: a megváltó nem lehet Ádám leszármazottja.

Ahhoz, hogy egy egyén megváltson másokat a bűneiktől, először biztosnak kell lennie abban, hogy ő maga nem bűnös. Ádám összes leszármazottja – aki maga is bűnös volt az engedetlensége által – maga is bűnös. Ezért a föld kiváltásának törvénye szerint a megváltó nem lehet Ádám leszármazottja.

A Jelenések könyvének 5, 1 – 3 verseiben ezt olvashatjuk:

És láték annak jobbkezében, a ki a királyiszékben üle, egy könyvet, a mely be volt írva belől és hátul, és le volt pecsételve hét pecséttel. És láték egy erős angyalt, a ki nagy szóval kiálta: Ki volna méltó arra, hogy felnyissa a könyvet, és felbontsa annak pecséteit? És senki, sem mennyen, sem földön, sem föld alatt, nem tudta a könyvet felnyitni, sem ránézni.

Itt, a "hétpecsétes könyv" arra a szerződésre utal, mely Isten és a gonosz közötti hamisított egyezmény, és amely Ádám engedetlensége után jött létre, és annak, aki "méltó arra, hogy felnyissa a könyvet, és felbontsa annak pecsétjeit" megfelelően képzettnek kell lennie, ahogy azt a föld kiváltásának törvénye kéri. Amikor János apostol szétnézett, hogy megkeresse azt, aki képes ezt megtenni, senkit sem látott.

János felnézett a mennyre, ahol angyalokat igen, de embereket nem látott. Szétnézett aztán a földön, és csak Ádám leszármazottjait látta, akik mind bűnösek voltak. Lenézett a föld alá, és csak olyanokat látott, akik arra voltak ítélve, hogy a pokolra jussanak a bűneik miatt, és olyan teremtményeket, amelyek az ördöghöz tartoznak. János sírt és sírt, mivel senki nem felelt meg a föld kiváltásáról szóló törvénynek (4. vers).

Aztán a bölcsek egyike megvigasztalta Jánost, mondván: "Ne sírj: ímé győzött a Júda nemzetségéből való oroszlán, Dávid gyökere, hogy felnyissa a könyvet és felbontsa annak hét pecsétét." (5. vers). Itt "a Júda nemzetségéből való oroszlán, Dávid gyökere" Jézusra vonatkozik, aki Júda törzséből való, Dávid házából. Jézus Krisztus megfelel a föld kiváltásáról szóló törvénynek, és Ő lehet a Megváltó.

Máté evangéliumának 1, 18 – 21 verseiből leírást nyerünk az Urunk megszületéséről:

A Jézus Krisztus születése pedig így vala: Mária, az ő anyja, eljegyeztetvén Józsefnek, mielőtt egybekeltek volna, viselősnek találtaték a Szent Lélektől. József pedig, az ő férje, mivelhogy igaz ember vala és nem akará őt gyalázatba keverni, el akarta őt titkon bocsátani. Mikor pedig ezeket magában elgondolta: ímé az Úrnak angyala álomban megjelenék néki, mondván: József, Dávidnak fia, ne félj magadhoz venni Máriát, a te feleségedet, mert a mi benne fogantatott, a Szent Lélektől van az. Szűl pedig fiat, és nevezd annak nevét Jézusnak, mert ő szabadítja meg az ő népét annak bűneiből."

Jézus Krisztus azért jött erre a világra hús-vér emberként (János evangéliuma 1, 14) Szűzmária méhén keresztül, mert Neki embernek kellett lennie, de nem Ádám leszármazottjának, hogy megfeleljen a föld kiváltásáról szóló törvénynek.

Harmadszor: a Megváltónak hatalommal kell bírnia.

Tegyük fel, hogy egy fiatalabb testvér elszegényedik, eladja a földjét, és a bátyja vissza akarja vásárolni a földjét neki. Az idősebbnek megfelelő anyagiakkal kell rendelkeznie ehhez (Mózes harmadik könyve 25, 26). Hasonlóan, ha a fiatalabb testvér nagy adósságot halmoz fel, és a bátyja vissza akarja fizetni azt, az idősebbik csak akkor teheti ezt meg, ha rendelkezik a megfelelő forrásokkal, a jóindulata nem lesz elegendő.

Ugyanígy: azért, hogy egy bűnösből igaz embert faragjunk, "megfelelő források", vagy hatalom szükségeltetik. Itt, a fold kiváltásának hatalma az összes ember megváltásához szükséges hatalomra vonatkozik. Más szóval, az emberiség megváltója, aki megfelel a föld kiváltásának törvényének, hibátlannak kell lennie.

Mivel Jézus Krisztus nem Ádám leszármazottja, ezért Neki nincs eredeti bűne. Saját maga által elkövetett bűne sincs Jézus Krisztusnak, mivel az Ő 33 éve alatt a földön az összes törvényt betartotta. A születése utáni nyolcadik napon körülmetélték, és a harminchárom eves szolgálata előtt teljesen szerette a szüleit, és engedelmeskedett nekik. Valamint az összes parancsolatot elkötelezettségel betartotta.

Ezért A zsidókhoz írt levél 7, 26 verse ezt üzeni nekünk: "Mert ilyen főpap illet vala minket, szent, ártatlan, szeplőtelen, a bűnösöktől elválasztott, és a ki az egeknél magasságosabb lőn." Péter első levelének 2, 22 – 23 verseiben ezt látjuk: "A ki bűnt nem cselekedett, sem a szájában álnokság nem találtatott: A ki szidalmaztatván, viszont nem szidalmazott, szenvedvén nem fenyegetőzött; hanem hagyta az igazságosan ítélőre."

Negyedszer: a Megváltónak szeretetet kell tanúsítania.

Annak érdekében, hogy a föld visszavételének törvénye érvényesülhessen, a fenti három kondíció mellett a szeretetnek is jelen kell lennie. Szeretet nélkül egy idősebb testvér nem lesz képes a föld visszavásárlására a fiatalabb testvér részére. Még akkor is, ha az idősebb testvér messze földön a leggazdagabb, míg a testvére rengeteg adóssággal terhelt, az idősebbik nem lesz képes segíteni a fiatalon szeretet nélkül. Mi jót tehetne az idősebbik vagyona és hatalma a fiatalnak?

Ruth könyvének 4. részében találjuk Boázt, aki nagyon jól ismerte Naomi, Ruth anyósa helyzetét. Amikor Boáz megkérte a "rokon-megváltót", hogy Naomi vagyonát vásárolja vissza, az így válaszolt: "A legközelebbi rokon pedig monda: Nem válthatom meg magamnak, hogy el ne veszessem a magam örökségét; váltsd meg te magadnak az én rokoni részemet, mert én nem válthatom meg." (6. vers). Ekkor Boáz, a hatalmas szeretetével, visszavásárolta a földet Namominak. Ezek után Boázt nagy áldás érte: Dávid követője lett.

Jézus, aki hús-vér emberként jött a földre, nem Ádám leszármazottja volt, mivel a Szentlélek által fogant, és bűntelen volt. Ezért Neki megfelelő eszközei voltak arra, hogy minket megváltson. Ha Jézusban nem lett volna szeretet, nem tűrte volna el a keresztre feszítés agóniáját. Azonban Ő annyira tele volt szeretettel, hogy eltűrte, hogy az alantas teremtmények keresztre feszítsék, a vérét ontsák, amivel Ő megváltotta az emberiséget, megnyitva az üdvösség útját nekünk. Mindez Isten Atya mérhetetlen szeretetének az eredménye, és Jézus áldozataé is, aki a halálig is elment azért, hogy engedelmességet mutasson.

Miért feszítették Jézust egy fakeresztre?

Miért feszítették Jézust egy fakeresztre? Azért, hogy a szellemi birodalom törvénye teljesüljön, mely így szól: „Krisztus váltott meg minket a törvény átkától, átokká levén érettünk; mert meg van írva: Átkozott minden, a ki fán függ" (Pál apostol levele a Galateákhoz, 3 - 13). Jézust miattunk akasztották egy fára, hogy meg tudjon váltani bennünket "a törvény átkától."

Mózes harmadik könyvének (Leviticus) 17, 11 verse szerint: "Mert a testnek élete a vérben van, én pedig az oltárra adtam azt néktek, hogy engesztelésül legyen a ti életetekért, mert a vér a benne levő élet által szerez engesztelést." A zsidókhoz írt levél 9, 22 verse ezt tartalmazza: "És csaknem minden vérrel tisztíttatik meg a törvény szerint, és vérontás nélkül nincsen bűnbocsánat." A vér élet, mivel "nincs megbocsájtás" vérontás nélkül. Jézus azért ontotta ki a bűntelen és értékes vérét, hogy mi életet nyerjünk ez által.

Sőt, az Ő kereszten való szenvedése révén a hívők megszabadulnak a betegségek, gyengeségek, szegénység és hasonlók átkától. Mivel Jézus a földi élete során szegénységben élt, mi megszabadulhatunk az összes betegségtől. Mivel Jézust megkorbácsolták, nincsenek betegségeink. Mivel Jézus töviskoszorút viselt, Ő megváltott minket a gondolatban elkövetett bűneinkből. Mivel Jézus kezeit és lábait szögekkel átütötték, ezzel megváltott bennünket azokból a bűnökből, amelyeket a kezünkkel és lábunkkal követünk el.

Az Úrban hinni azt jelenti: igazzá válunk

Azok az emberek, akik valóban megértik a kereszt gondviselését, és a szívük legmélyén hisznek benne, megszabadulnak a bűnöktől, és Isten akarata szerint fognak élni. Amint Jézus mondja nekünk János evangéliumának 14, 23 versében: "Felele Jézus és monda néki: Ha valaki szeret engem, megtartja az én beszédemet: és az én Atyám szereti azt, és ahhoz megyünk, és annál lakozunk." Az ilyen embereket Isten szereti, és megáldja őket.

Miért nem kapnak válaszokat az imáikra azok az emberek, akik megvallják a hitüket az Úrban, és megpróbáltatások és nehézségek között élnek? Azért, mert bár azt mondják, hogy hisznek az Úrban, Isten nem tekinti igaz hitnek az ő hitüket. Annak ellenére, hogy meghallották az Úr szavát, még nem szabadultak meg a bűneiktől, és nem váltak igazakká.

Például nagyon sok hívő nem engedelmeskedik a

Tízparancsolatnak, amely a Krisztusban élt élet alapja. Ezek az egyének tudatában vannak a következő parancsolatnak: "Emlékezz a szabbatra, és tartsd meg azt szentnek." Csak a reggeli istentiszteletre járnak el, vagy egyáltalán nem járnak, és a saját dolgukkal foglalkoznak vasárnap is. Tudják, hogy adakozniuk kellene, mivel azonban túlságosan szeretik a pénzt, nem adakoznak eleget. Amikor Isten világosan a tudtunkra adta, hogy az adakozás megtagadása ugyanannyi, mint a Tőle való "lopás", hogyan is kaphatnának ezek az emberek válaszokat, és hogyan áldaná meg őket Isten (Malakiás 3, 8)?

Aztán ott vannak azok a hívők, akik nem bocsájtják meg mások bűneit és hibáit. Dühösek lesznek, és terveket szőnek, hogy megfelelően visszafizessék a gonoszságot, amit kaptak. Néhányan közülük fogadkoznak, de megszegik az ígéreteiket újra és újra, míg mások vádaskodnak és panaszkodnak, ugyanúgy, mint a világi emberek. Hogyan állíthatnánk róluk, hogy igaz hittel bírnak?

Ha igaz hitünk van, mindent meg kell próbálnunk Isten akarata szerint tennünk, mindenféle gonoszságot el kell kerülnünk, és az Úrra kell hasonlítanunk, aki feladta az Ő életét értünk, bűnösökért. Az ilyen emberek képesek megbocsájtani azoknak, és szeretni azokat, akik utálják őket, és ártanak nekik, és mindig feláldozzák magukat másokért, őket szolgálva.

Amikor megszabadulsz a lobbanékonyságtól, egy kedves személlyé alakulsz, akinek a száját csak jó és kedves szavak hagyják el. Ha korábban mindig panaszkodtál, igaz hittel mindenfajta körülmény között hálás leszel, és a körülötted lévőkkel megosztod a kegyelmet.

Ha igazán hiszünk az Úrban, mindannyiunknak hasonlítanunk kell Rá, és megváltozott életet kell élnünk. Így kaphatjuk meg Isten válaszait, és az Ő áldásait.

A zsidókhoz írt levél 12, 1 – 2 versei ezt üzenik:

Annakokáért mi is, kiket a bizonyságoknak ily nagy fellege vesz körül, félretéve minden akadályt és a megkörnyékező bűnt, kitartással fussuk meg az előttünk levő küzdő tért. Nézvén a hitnek fejedelmére és bevégezőjére Jézusra, a ki az előtte levő öröm helyett, megvetve a gyalázatot, keresztet szenvedett, s az Isten királyi székének jobbjára ült.

A Bibliában található számos hitbeli ősatyán kívül, sok

olyan ember van körülöttünk, akik üdvösséget nyertek, és áldásokat is az Úrba vetett hitük által.

Mint "a bizonyságok nagy fellege", akik körülöttünk élnek, legyen nekünk is igaz hitünk! Dobjunk el magunktól mindent, ami akadály, a bűnt, mely oly könnyen összezavar bennünket, és igyekezzünk az Úrra hasonlítani! Csak ekkor fogunk olyan életet élni – amelyről Jézus beszél János evangéliumának 15, 7 versében: "Ha én bennem maradtok, és az én beszédeim bennetek maradnak, kérjetek, a mit csak akartok, és meglesz az néktek" – amely elvezet bennünket arra az életre, amelyben megkapjuk az Ő válaszait és áldásait.

Ha még nem élsz ilyen életet, nézz vissza az életedre, tépd fel a szíved, és bánd meg, hogy nem hittél teljesen az Úrban, és határozd el, hogy csak az Úr szavának megfelelően fogsz élni.

Mindannyiotoknak legyen igaz hite, tapasztaljátok meg Isten hatalmát, és a válaszokkal és áldásokkal, amiket kaptok, Őt dicsőítsétek, a mi Urunk, a Jézus Krisztus nevében imádkozom ezért!

Harmadik Üzenet
Egy edény, mely szebb, mint egy ékszer

Pál második levele Timóteushoz 2, 20 - 21

Nagy házban pedig nemcsak aranyés ezüstedények vannak, hanem fából és cserépből valók is; és azok közül némelyek tisztességre, némelyek pedig gyalázatra valók.

Ha tehát valaki magát ezektől tisztán tartja, tisztességre való edény lesz, megszentelt, és hasznos a gazdának, minden jó cselekedetre alkalmas.

Isten úgy alkotta meg az embert, hogy igaz gyerekeket nyerjen, akikkel megoszthatja az igaz szeretetet. Azonban az emberek bűnöztek, elkóboroltak a teremtés eredeti céljától, és az ellenséges ördög és a Sátán rabszolgáivá váltak (A rómaiakhoz írt levél 3, 23). Azonban a szeretet Istene nem adta fel azt a célját, hogy igaz gyermekeket nyerjen. Megnyitotta az üdvösség kapuit azok számára, akik bűnben éltek. Isten az Egyetlen Fiát, Jézus Krisztust engedte keresztre feszíteni, hogy ezzel megválthassa az összes embert a bűnből.

Bárkinek, aki hisz Jézus Krisztusban, üdvözülhet e miatt a szeretet miatt, melyet az önfeláldozás követett. Bárki, aki elhiszi, hogy Jézus Krisztus meghalt a kereszten, feltámadt a sírjából, és azt vallja a szájával, hogy Jézus az ő Megmentője, megadatik az Isten gyermekének járó jog.

Isten szeretett gyermekei, mint "edények"

Amint Pál második levele Timóteushoz 2, 20 – 21-ben olvashatjuk: "Nagy házban pedig nemcsak arany- és ezüstedények vannak, hanem fából és cserépből valók is; és azok közül némelyek tisztességre, némelyek pedig gyalázatra valók. Ha tehát valaki magát ezektől tisztán tartja, tisztességre való edény lesz, megszentelt, és hasznos a gazdának, minden jó cselekedetre alkalmas." Egy edény célja az, hogy tárgyakat tartsanak benne. Isten az Ő gyermekeit "edényekre" hasonlítja, mivel ezeket megtöltheti az Ő szeretetével és kegyelmével, valamint az Ő szavával is, amely az igazság maga, továbbá a tekintélyével és hatalmával is. Ezért rá kell jönnünk: attól függően, hogy milyen edények vagyunk, élvezhetünk mindenféle ajándékot és áldásokat, amelyeket Isten előkészített számunkra.

Milyen edény az az ember, aki mindazt az áldást tartalmazza, amelyeket Isten előkészített? Ezt az edényt Isten értékesnek, nemesnek és szépnek tartja.

Először is, egy "értékes" edény az, amely teljesen beteljesíti az Isten-adta feladatát. Keresztelő János, aki előkészítette az Úr Jézus útját, és Mózes, aki kivezette az izraelitákat Egyiptomból, ebbe a kategóriába tartoznak.

Másodszor, egy "nemes" edény olyan tulajdonságokkal rendelkezik, mint az őszinteség, igazságosság, határozottság, hűség, melyek mind ritka tulajdonságok a hétköznapi emberben. József és Dániel, akik mindketten olyan pozícióval bírtak, amely ma a miniszterelnökségnek felel meg, hatalmas országokat vezettek, nagyban dicsőítették Istent, ebbe a kategóriába tartoznak.

Végül, egy "gyönyörű" edény Isten előtt az, akinek jó a szíve, soha nem veszekedik, hanem valóban elfogad és tolerál mindent. Eszter, aki megmentette a társait, valamint Ábrahám, akit "Isten barátjának" hívtak, ebbe a kategóriába tartozik.

"Egy edény, mely szebb, mint egy ékszer" egy olyan egyén, aki rendelkezik azokkal a tulajdonságokkal, amelyek alapján őt értékesnek, nemesnek, és Isten szerint szépnek ítélik. Egy, a kavicsok közé esett ékszert azonnal észreveszünk. Hasonlóan, Isten gyermekei, akik szebbek, mint az ékszerek, kétségkívül feltűnőek.

A legtöbb ékszer drága a méretéhez képest, azonban az emberek vonzódnak hozzájuk a különböző színük miatt, mert keresik a szépet. Azonban nem az összes csillogó kő drágakő. Az igazi ékszereknek különleges színárnyalatuk és fényük van, valamint fizikailag is kemények. Itt a "fizikai keménység" egy anyag hővel szembeni ellenállására vonatkozik, arra, hogy mennyire szennyeződik akkor, ha más anyaggal érintkezésbe kerül, és mennyire képes az alakját megtartani. Egy másik fontos tényező a ritkasága. Ha létezik egy nagyon fényes, nagy keménységű és ritkaságú edény, mennyire drága, nemes és szép lesz ez! Isten azt akarja, hogy az Ő gyermekei szebbek legyenek, mint a drágakövek, és azt szeretné, hogy áldott életet éljenek. Amikor Isten felfedezi az ilyen edényeket, bőségesen megtölti őket a szeretetének és elragadtatásának a jeleivel. Hogyan lehetünk a drágakőnél szebb edények Isten szemében?

Először, a szívednek meg kell szentesülni Isten szavától, amely az igazság maga.

Annak érdekében, hogy egy edényt az eredeti céljának megfelelően használjuk, mindenekelőtt tisztának kell lennie. Még egy drága aranyedényt sem használhatunk foltosan, piszkosan. Csak ha ezt az aranyedényt vízzel először megmostuk, csak akkor használható a céljainknak megfelelően.

Isten gyermekeire ugyanez a szabály vonatkozik. Bőséges áldásokat készített elő Isten a Gyermekei számára, valamint sok ajándékot is, áldásokat, bőséget és egészséget. Annak érdekében, hogy ezeket az ajándékokat és áldásokat megkapjuk, elő kell készítenünk magunkat tiszta edényekként.

Jeremiás levelének 17, 9 versében ezt olvassuk: "Csalárdabb a szív mindennél, és gonosz az; kicsoda ismerhetné azt?" Máté evangéliumának 15, 18 – 19 verseiben is ezt látjuk: "Amik pedig a szájból jőnek ki, a szívből származnak, és azok fertőztetik meg az embert. Mert a szívből származnak a gonosz gondolatok, gyilkosságok, házasságtörések, paráznaságok, lopások, hamis tanúbizonyságok, káromlások." Ezért: csak akkor lehetünk tiszte edények, amikor a szívünket kitisztítottuk. Ha már tiszta edények vagyunk, soha többé nem less "gonosz gondolatunk", nem beszélünk gonoszságot, és nem fogunk gonosz dolgokat cselekedni.

A szívünk megtisztítása csak szellemi vízzel lehetséges, amely Isten Szava. Ezért Ő erre biztat bennünket Pál levele az efezusiakhoz 5, 26 versében: "Hogy azt megszentelje, megtisztítván a víznek feredőjével az íge által" és A zsidókhoz írt levél 10, 22 versében meg: "Járuljunk hozzá igaz szívvel, hitnek teljességével, mint a kiknek szívök tiszta a gonosz lelkiismerettől."

Hogyan tisztít meg bennünket a szellemi víz, Isten

Szava? Egy egész sor parancsolatot kell betartanunk ehhez, amelyek a Biblia hatvanhat könyvében találhatók meg, mert ezek azt szolgálják, hogy a segítségükkel "megtisztítsuk" a szívünket. Ha betartjuk a "Ne tedd..." és a "Dobd el magadtól a..." jellegű parancsolatokat, megtisztítjuk magunkat az összes gonosztól és bűntől. Azoknak a magatartása, akik az Ő szavának a segítségével megtisztultak, meghozza számunkra Krisztus világosságát. Azonban az Ige betartása nem érhető el pusztán azzal, hogy valaki a saját akaratára és erejére hagyatkozik: a Szentlélek kell hogy irányítsa és segítse az embereket.

Amikor meghallgatjuk és megértjük az Igét, kinyitjuk a szívünket és elfogadjuk Jézus Krisztust, a megmentőnket, Isten megajándékoz bennünket a Szentlélekkel. A Szentlélek azokban az emberekben lakik, akik elfogadják Jézus Krisztust Megmentőjükként, és akiket segít abban, hogy meghallják és megértsék az igazság szavát. A Biblia azt mondja nekünk, hogy "A mi testtől született, test az; és a mi Lélektől született, lélek az." (János evangéliuma 3, 6). Isten gyermekei, akik megkapják a Szentlelket ajándékba, minden nap megszabadulhatnak a bűntől és gonoszságtól a Szentlélek ereje által, és szellemi emberekké válhatnak.

Vajon ti is aggódtok, erre gondolva: hogyan tarthatnám
be azt a sok parancsolatot? János első levelének 5, 2 – 3 versei erre emlékeztetnek
bennünket: "Abból ismerjük meg, hogy szeretjük az Isten
gyermekeit, hogyha az Istent szeretjük, és az ő
parancsolatait megtartjuk. Mert az az Isten szeretete, hogy
megtartjuk az ő parancsolatait; az ő parancsolatai pedig
nem nehezek." Ha Istent a szíved mélyéről szereted, a
Parancsolatainak a megtartása nem lehet nehéz a számodra.

Amikor a szülők életet adnak a gyermekeiknek, minden
szempontból igyekeznek gondot viselni rájuk, beleértve az
etetésüket, öltöztetésüket, fürdetésüket, és más hasonlókat
is. Egyrészt ha a szülők nem a saját gyermekeiket
gondozzák, terhesnek érezhetik azt. Másrészt, ha a saját
gyermekeiket gondozzák, soha nem fogják terhesnek érezni
azt. Ha a gyerek felébred és sír az éjszaka közepén, a
szülőket ez nem fogja zavarni, mivel túlságosan is szeretik a
gyermekeiket. Ha egy szeretett egyénért teszünk valamit, az
nagy öröm és boldogság forrása lehet, és soha nem nehéz
vagy irritáló. Ugyanígy, ha valóban elhisszük, hogy Isten a
lelkünk atyja, és az Ő határtalan szeretetében Ő odaadta az
egyetlen és szeretett Fiát, hogy értünk őt keresztre feszítsék,

hogyan NE szeretnénk Őt? Sőt: ha szeretjük Istent, nem lehet nehéz az Igéje szerint élnünk. Ehelyett az lenne kínos, ha nem az Igéje szerint élnénk, és nem tartanánk be az Ő akaratát.

Annakidején hét évig egy egész sor betegségtől szenvedtem, amíg a nővérem el nem vitt Isten egyik szentélyébe. Azzal, hogy megkaptam a Szentlélek tüzét, és azonnal kigyógyultam az összes betegségemből, amint letérdeltem a szentélyben, találkoztam az élő Istennel. Ez 1974 április 17-én történt. Azóta minden istentiszteletre eljárok, teljesen hálát adva Isten kegyelméért. Annak az évnek a novemberében részt vettem az első újjáéledési összejövetelen, ahol találkoztam az Ő szavával, valamint a Krisztusban történő élet alapjaival:

"Ó, ilyen a mi Istenünk!"
"Az összes bűnömtől meg kell szabadulnom!"
"Hát ez történik akkor, ha hisz valaki!"
"Abba kell hagynom a dohányzást és az ivást!"
"Állandóan imádkoznom kell!"
"Az adakozás kötelező,
és nem jöhetek Isten elé üres kézzel!"
Egész héten "Ámennel" a szívemben fogadtam az igét.

A szerző Dr. Jaerock Lee

Az után az újjáéledési összejövetel után abbahagytam az ivást és dohányzást, és elkezdtem adakozni, és hálaadó ajándékokat felajánlani. Hajnalonként imádkoztam, és fokozatosan ima-ember vált belőlem. Pontosan úgy tettem, ahogy tanultam, és elkezdtem tanulmányozni a Bibliát. Az összes betegségemből és gyengeségemből kigyógyultam, amelyekből semmilyen világi módszerrel nem voltam képes elbánni korábban, és ez Isten hatalmából, egyetlen pillanat alatt történt. Ezért teljesen tudtam hinni a Biblia minden szavában és versében. Mivel azonban kezdő hívő voltam akkoriban, voltak a Szentírásnak olyan részei, amelyeket nem tudtam könnyen megérteni. Azonban a parancsolatokat, amelyeket meg tudtam érteni, azonnal betartottam. Például, ha a Bibliában az állt, hogy ne hazudjak, azt mondtam magamnak: "A hazugság bűn! A Biblia azt mondja, ne hazudjak, tehát nem is fogok!" Imádkoztam is: "Istenem, segíts, hogy az akaratlan hazugságoktól megszabaduljak!" Nem szándékosan csaptam be az embereket, ennek ellenére kitartóan imádkoztam, hogy az akaratlan hazugságoktól is megszabaduljak.

Sokan vannak, akik úgy hazudnak, hogy észre sem veszik, mit tesznek. Ha valaki, akivel nem szeretnél beszélni telefonon, felhív, előfordult már, hogy könnyedén azt mondtad a munkatársadnak, gyermekeidnek, hogy "Mondd azt, hogy nem vagyok itt"? Sokan azért hazudnak, mert "másokat óvnak". Ezek az emberek akkor is hazudnak, ha például megkérdik őket, hogy akarnak-e enni vagy inni valamit, ha vendégségbe mennek. Még ha éhesek és szomjasak is, ezek az emberek – mivel nem akarják leterhelni a házigazdát – azt fogják mondani: "Köszönöm, nem. Ettem, mielőtt idejöttem." Azonban, miután megtudtam, hogy még a jóindulatú hazugság is hazugság, állandóan azért imádkoztam, hogy az akaratlan hazugságoktól is megszabaduljak, és a végén valóban megszabadultam tőlük.

Listát készítettem minden gonosz és bűnös dologról, amelyeket el kellett dobnom magamtól, és ezért imádkoztam. Csak amikor teljesen meggyőződtem arról, hogy egyik gonosz és bűnös dolgot vagy cselekedetet a másik után eldobtam, csak ekkor húztam ár ezt a dolgot a listámon egy piros tollal. Ha volt olyan dolog, amelytől nem tudtam egykönnyen szabadulni még a határozott ima után sem, azonnal böjtbe kezdtem. Ha három napi böjt után sem sikerült, a böjtöt öt napra nyújtottam. Ha ugyanazt a bűnt megismételtem, hétnapos böjtbe kezdtem.

Azonban nagyon ritkán kellett egy hétig böjtölnöm, mivel három nap után a legtöbb bűntől megszabadultam. Ahogy ezeket a bűnöket eldobtam magamtól, úgy lettem egyre tisztább edény.

Három nappal az után, hogy az Úrral találkoztam, mindentől megszabadultam magamban, ami Isten Szava Ellen volt, hogy tiszta edény lehessek az Ő szemében. Ráadásul, mivel hűségesen betartottam a parancsolatokat, beleértve a "tedd...", "ne tedd..." kezdetűeket is, az Ő szava szerint tudtam élni, viszonylag rövid időn belül. Mivel tiszta edénnyé alakultam, Isten bőségesen megáldott engem. A családom egészséges volt. Az összes adósságomat azonnal visszaadtam. Fizikai és szellemi áldásokban volt részem.

Mindez azért, mert a Biblia így biztosít minket: "Szeretteim, ha szívünk nem vádol minket, bizodalmunk van az Istenhez; És akármit kérjünk, megnyerjük tőle, mert megtartjuk az ő parancsolatait, és azokat cselekeszszük, a mik kedvesek előtte." (János első levele 3, 21 – 22).

Másodszor: azért, hogy szebb edényekké váljunk, mint egy ékszer, "tűz által" kell kifinomulnunk, és szellemi fényt kell árasztanunk.

A drágakövek a gyűrűkön és nyakláncokon egykor szennyezettek voltak. Azonban a csiszolók megmunkálták őket, aminek következtében ragyogó fényeket bocsájtanak ki, és nagyszerű alakkal bírnak.

Ahogy ezek a vésnökök megvágják, fényezik és kitisztítják ezeket a köveket, hogy nagyszerű alakjuk és fényük legyen, ugyanúgy Isten is megfegyelmezi az Ő gyermekeit. Isten nem a bűneik miatt fegyelmezi meg őket, hanem azért, hogy a fegyelem által fizikailag és szellemileg megáldja őket. Az Ő gyermekei szemében, akik nem bűnöztek, és semmi rosszat nem követtek el, úgy tűnhet, hogy a megpróbáltatások fájdalmát és szenvedését kell elviselniük. Ez egy olyan folyamat, amely által Isten megedzi és megfegyelmezi az Ő gyermekeit úgy, hogy még szebb színekben ragyogjanak. Péter első levelének 2, 19 része erre emlékeztet minket: "Mert az kedves dolog, ha valaki Istenről való meggyőződéséért tűr keserűségeket, méltatlanul szenvedvén." Azt is olvashatjuk, hogy "Hogy a ti kipróbált hitetek, a mi sokkal becsesebb a veszendő, de tűz által kipróbált aranynál, dícséretre, tisztességre és dicsőségre méltónak találtassék a Jézus Krisztus megjelenésekor" (Péter első levele 1, 7).

Még akkor is, ha Isten gyermekei minden gonoszt félretesznek, és szent edényekké válnak, az Őáltala kiválasztott időben Isten megengedi, hogy megfegyelmezzék őket, és megpróbálják őket, hogy ennek eredményeképpen szebb edényekké váljanak, mint az ékszerek. Amint János első levelének 1, 5 verse tartalmazza: "És ez az az üzenet, a melyet tőle hallottunk és hirdetünk néktek, hogy az Isten világosság és nincsen ő benne semmi sötétség" mivel Isten Maga a dicsőséges fény hiba vagy folt nélkül, a Gyermekeit is hasonló szintű fényre vezeti.

Ezért, amikor legyőzöd az Isten által számodra megengedett megpróbáltatásokat jóságban és szeretetben, szebb és fényesebb edény lesz belőled. A spirituális tekintély és hatalom szintje változik annak megfelelően, hogy mennyire fényes a szellemi fény. Ráadásul, amikor a szellemi fény ragyog, az ellenséges ördög és a Sátán nem tud megállni.

Márk 9-ben van egy jelenet, amelyben Jézus kivezet egy gonosz szellemet egy fiúból, akinek az apja könyörgött Jézusnak, hogy gyógyítsa meg a fiat. Jézus megszidta a gonosz szellemet. "Te néma és siket lélek, én parancsolom néked, menj ki belőle, és többé belé ne menj!" (25. vers). A gonosz szellem elhagyta a fiút, aki ismét egészséges lett. Ezelőtt a jelenet előtt van egy másik, amelyben az apa Jézus tanítványai elé vitte a fiat, de azok nem tudták a gonosz szellemet kiűzni. Ez azért van, mert a tanítványok szellemi fény szintje és Jézus szellemi fény szintje különböző volt.

Akkor mit kell tennünk, ha be akarunk jutni abba a szellemi fény szintbe, amelyben Jézus van? Győzedelmeskedhetünk bármely megpróbáltatásban, ha kitartóan hiszünk Istenben, jóval győzzük le a gonoszt, és még az ellenségünket is szeretjük. Következésképpen, ha a jóságod, szereteted és igazságosságod igaznak bizonyul, mint Jézusé, kivezetheted a gonosz szellemeket, és bármely betegséget és gyengeséget meggyógyíthatsz.

Áldások azon edények számára, melyek szebbek, mint az ékszerek.

Amint a hit ösvényén jártam az évek során, számos megpróbáltatást is kibírtam. Például egy tévéműsor vádjaira néhány évvel ezelőtt kibírtam egy olyan megpróbáltatást, amely olyan fájdalmas és gyötrelmes volt, mint a halál maga. Azok az emberek, akik általam kegyelmet kaptak, és sokan mások, akiket családtagjaimnak tekintettem, elárultak engem. A világi emberek számára érthetetlenné és félreérthetővé váltam, és sok Manmin tagot üldöztek, amiért ők nagyon sokat szenvedtek. Azonban a Manmin tagok és én is legyőztük a próbákat jósággal, és mivel mindent felajánlottunk Istennek, és a szeretet és megbocsájtás Istenéhez könyörögtünk, hogy bocsásson meg nekik, könnyítettünk magunkon.

Sőt, nem utáltam, és nem hagytam el azokat, akik minket elhagytak, és nagyon megnehezítették a templom dolgát. A kegyetlen megpróbáltatás közepén hűségesen hittem továbbra is, hogy Isten Atyám szeretett engem. Így tudtam még azokkal is szembesülni szeretettel és jósággal, akik gonoszt tettek velem. Ahhoz hasonlóan, ahogy egy diák elismerést kap a kemény munkájáért a vizsgán, amint a hitem, jóságom és szeretetem Isten elismerését megkapta, Ő megáldott engem, hogy kinyilvánítsam az hatalmát, még a korábbinál is jobban.

A megpróbáltatás után megnyitotta nekem azt az ajtót, amelyen át megvalósíthattam a világmissziót. Isten úgy dolgozott, hogy több tízezer, százezer, sőt: millió ember összegyűlt a tengerentúli missziókon, amelyeket én vezettem, és Ő velem volt az Ő hatalmával, mely időn és téren áthalad.

Az a szellemi fény, mellyel Isten körülvesz bennünket, sokkal fényesebb, mint bármely drágakő a világon. Isten azokat a Gyermekeit, akiket körülvesz a szellemi fényével, sokkal szebb edényeknek tekinti, mint a drágaköveket.

Ezért mindannyian gyorsan szentesüljetek, és olyan edényekké váljatok, amelyek árasztják a szellemi fényt, és szebb edények legyetek, mint egy drágakő, mert így bármit kértek, megkapjátok majd, és áldott életetek lesz, az Urunk, Jézus Krisztus nevében imádkozom ezért!

Negyedik Üzenet
A fény

János első levele 1, 5

*És ez az az üzenet,
a melyet tőle hallottunk
és hirdetünk néktek,
hogy az Isten világosság
és nincsen ő benne
semmi sötétség*

Sokféle fény létezik, és mindeniknek csodás képességei vannak. Mindenekfölött a fény megvilágítja a sötétséget, meleget ad, és megöli az ártalmas baktériumokat és gombákat. Fénnyel a növények fenntarthatják az életüket a fotoszintézis által. Azonban létezik a szellemi fény is, amelyet nem tudunk megérinteni vagy a szemünkkel látni. A fizikai fényt viszont igen. Ahogy a fizikai fénynek sok képessége van, a szellemi fényben is rengeteg ilyen képesség van. Amikor éjjel a fény ragyog, a sötétség azonnal eltűnik.

Hasonlóan, ha a szellemi fény az életedben fényt áraszt magából, a szellemi sötétség hamar szétfoszlik, mivel Isten kegyelmében és szeretetében járunk. Mivel a spirituális sötétség a betegségek és gyökere otthon, a munkahelyen, és a kapcsolatokban, nem találunk igazi vigasztalást magunknak. Azonban, ha a szellemi fény átragyogja az életünket, az olyan problémák is megoldódnak, amelyek az ember tudásán és képességein túl vannak, és a vágyaink teljesülnek.

A szellemi fény

Mi a szellemi fény, és hogyan működik? János első levele 1, 5 versének második felében ezt olvassuk: "Isten világosság és nincsen ő benne semmi sötétség", és János evangéliumának 1, 1 versében meg: "Isten vala a Szó". Összességében "a fény" nem csak Istenre Magára vonatkozik, hanem az Ő szavára is, amely az igazság, jóság és a szeretet. Az összes dolog megteremtése előtt az univerzum hatalmasságában Isten egyedül létezett, és semmilyen alakkal nem bírt. A fény és hang egysége révén Isten magában foglalta a teljes univerzumot. A briliáns, nagyszerű és gyönyörűséges fény a teljes univerzumot körülvette, és ebből a fényből egy elegáns, tiszta és hangzatos hang származott.

Isten, aki fényként és hangként létezett eltervezte az emberiség nevelését, hogy igaz gyermekeket arathasson. Aztán Ő egyetlen alakot vett fel, szétválasztotta Magát háromra: a Szentháromságra, és a Saját képére megalkotta az emberiséget. Azonban Isten lényege még mindig a fény és a hang, mivel még mindig ezeken keresztül nyilvánul meg. Bár egy emberi lény alakját vette fel, ebben az alakban létezik a fény és az Ő végtelen hatalmának hangja is. Isten hatalmán kívül más elemei is vannak az igazságnak, beleértve a szeretetet és a jóságot ebben a szellemi fényben. A Biblia hatvanhat könyve egy kollekció az igazságról a szellemi fénnyel kapcsolatban, amely egy hangban fejeződik ki. Más szóval "a fény" az összes parancsolatra vonatkozik a Bibliában, amely a jóságról, igazságról, és a szeretetről szól, beleértve a következőket: "Szeressétek egymást", "Állandóan imádkozzatok", "Tartsátok meg a szombatot", "Engedelmeskedjetek a Tízparancsolatnak", és másokat is.

A fényben járjatok, hogy Istennel találkozhassatok

Míg Isten a fény világát irányítja, az ellenséges ördög és a Sátán a sötétség világát irányítják. Sőt, mivel az ellenséges ördög és a Sátán ellenkezik Istennel, a sötétben élő emberek nem találkozhatnak Istennel. Ezért annak érdekében, hogy Istennel találkozz, és hogy az élet problémáit megoldd, valamint válaszokat kapj a kérdéseidre, gyorsan ki kell jönnöd a sötétség világából, és be kell menned a világosság területére.

A Bibliában nagyon sok olyan parancsolatot találunk, amely a "Tedd" kategóriába tartozik" "szeressétek egymást", "Imádkozzatok", "Egymást szolgáljátok", "Legyetek hálásak", és hasonlóak. Léteznek a "Tartsátok meg..." kezdetű parancsolatok is, beleértve a "Tartsátok meg a szombatot", "Tartsátok be a Tízparancsolatot", "Tartsátok meg Isten parancsolatait", és más hasonlók. Aztán vannak a "Ne tedd..." kezdetűek, mint a "Ne hazudjatok", "Ne utáljátok egymást", "Ne keressétek a saját előnyötöket", "Ne imádjatok bálványokat", "Ne lopjatok", "Ne legyetek féltékenyek", "Ne irigykedjetek", "Ne pletykáljatok", és hasonlóak. Léteznek a "Dobjátok el magatoktól a..." kezdetű parancsolatok is: "Minden gonosztól szabaduljatok meg", "Szabaduljatok meg az irigységtől és a féltékenységtől", "Dobjátok el a kapzsiságot magatoktól", és más hasonlók.

Egyrészt Isten ezen parancsolatainak engedelmeskedni azt jelenti, hogy a fényben élünk, az Úrra hasonlítunk, valamint Isten Atyánkra is. Másrészt ha nem engedelmeskedsz Istennek, ha nem tartod meg, amit Ő mond neked, és nem szabadulsz meg attól, amit Ő tanácsol, továbbra is a sötétben maradsz. Ezért – emlékezve arra, hogy Isten szavának ellenállni azt jelenti, hogy a sötétségben vagyunk, amelyet a Sátán és az ellenséges ördög irányít – mindig az Ő szava szerint kell hogy éljünk, és a fényben kell járnunk.

Ha a fényben járunk, Isten társunkul szegül

Ahogy János első levele 1, 7 tartalmazza: "Ha pedig a világosságban járunk, amint ő maga a világosságban van: közösségünk van egymással, és Jézus Krisztusnak, az ő Fiának vére megtisztít minket minden bűntől." Csak ha a fényben lakunk és járunk, mondhatjuk el, hogy Isten társunkul szegődött.

Ahogy egy apa is lehet a gyermekei barátja, Istennel is ilyen közösséget kell alkotnunk, aki a Szellemünk Atyja. Azonban annak érdekében, hogy Vele ilyen kötelékben lehessünk, egy követelménynek eleget kell tennünk: a fényben kell élnünk úgy, hogy a bűneinktől meg kell szabadulnunk. Ezért: "Ha azt mondjuk, hogy közösségünk van vele, és sötétségben járunk; hazudunk és nem az

igazságot cselekeszszük." (János első levele 1, 6).
A "közösség", "barátság" nem egyoldalú. Csak azért,
mert tudsz valakiről, nem jelenti azt, hogy a barátja vagy.
Csak ha mindkét fél eléggé közelinek érzi a másikat arra,
hogy megbízzon a másikban, függjön tőle, és vele
tárgyaljon, lehet "barátságról" beszélni a két fél között.
Például legtöbben közületek tudjátok, hogy ki az
országotok elnöke vagy királya. Függetlenül attól, hogy
milyen sokat tudsz az elnökről, ha ő nem ismer téged, nincs
köztetek ismeretség. Továbbá a barátságban különböző
szintekről beszélhetünk. Lehet, hogy csak ismerősei
vagytok egymásnak, lehet, hogy időről időre megkérditek
egymástól: hogy vagy? Az is lehet, hogy olyan mély a
kapcsolatotok, hogy a legféltettebb titkaitokat is
megosztjátok egymással.

Ugyanez a helyzet az Istennel kialakult kapcsolatunkkal
is. Annak érdekében, hogy a Vele való kapcsolatunk igaz
barátság legyen, Istennek ismerni kell bennünket, és el is kell
ismernie minket. Ha mély a kapcsolatunk Istennel, nem
leszünk betegek vagy gyengék, és nem tehetünk fel olyan
kérdéseket, amelyekre választ ne kapnánk. Isten azt
szeretné, ha a Gyermekeinek csak a legjobbat adhatná, és

Mózes ötödik könyvének 28 versében azt üzeni nekünk, hogy amikor teljesen engedelmeskedünk az Istenünknek, valamint vigyázva követjük az Ő parancsolatait, áldottak leszünk, amikor érkezünk, és áldottak leszünk, amikor elmegyünk. Senkitől nem kérünk kölcsön, de kölcsönt adunk másoknak, és mi leszünk a fej, nem a farok.

A hit ősatyái, akik Istennek igaz barátai voltak

Milyen kapcsolata volt Dávidnak – akit Isten "szívem szerint való férfiúnak" (Az apostolok cselekedetei 13, 22) hív – Istennel? Dávid teljesen szerette, félte, és függött Istentől mindenkor. Amikor Saul elől szaladt, vagy harcba ment, mint egy gyerek, aki a szüleitől érdeklődik, hogy mit tegyen, Dávid mindig ezt kérdezte: "Mennem kéne? Hová kéne mennem?", és azt tette, amit Isten parancsolt neki. Isten gyöngéd és részletes válaszokat adott neki, és mivel Dávid mindig azt tette, amit Isten parancsolt neki, győzelmet győzelemre halmozott (Sámuel második könyve 15, 19 – 25).

Dávid szép kapcsolatot ápolt Istennel, mivel a hitével

mindig az Ő kedvére tett. Például Saul uralkodásának elején a filiszteusok elárasztották Izraelt. A filiszteusokat Góliát vezette, aki kigúnyolta Izrael csapatait, és gyalázta Isten nevét. Azonban Izrael táborából senki sem merte Góliátot kihívni. Abban az időben, bár még fiatal volt, Dávid fegyvertelenül Góliát elé ment, csupán öt darab kővel a patakból, mivel hitt Izrael mindenható Istenében, és abban, hogy a harc Isten kezében volt (Sámuel első könyve 17). Isten úgy segítette őt, hogy a kő Góliát homlokát találta el. Góliát halála után a harc megfordult, és Izrael teljes győzelmet aratott.

Az erős hite miatt Dávid "szívem szerint valónak" bizonyult Isten által, és ahogy egy apa a fiával minden intim részletet megbeszél, Dávid is mindent el tudott érni Istennel az oldalán.

A Biblia azt is tartalmazza, hogy Isten Mózessel szemtől szemben beszélt. Például, amikor Mózes bátran megkérte Istent, hogy mutassa meg az arcát, Isten gyorsan teljesített mindent, amit ő kért (Exodus 33, 18). Hogy lehetett Mózesnek ilyen közeli és intim kapcsolata Istennel?

Nem sokkal az után, hogy Mózes kivezette az egyiptomiakat Egyiptomból, negyven napig böjtölt és beszélgetett Istennel a Sinai hegy tetején. Amikor Mózes késett a visszatéréssel, az izraeliták egy bálványt alkottak, amit imádni tudtak. Amikor ezt látta, Isten azt mondta Mózesnek, hogy tönkreteszi az izraelitákat, és Mózesből nagy nemzetet csinál (Exodus 32, 10).

Erre Mózes így könyörgött Istenhez: "Múljék el a te haragod tüze, és hagyd abba azt a néped ellen való veszedelmet" (Exodus 32, 12). A következő nap megint Istenhez könyörgött: "Kérlek! Ez a nép nagy bűnt követett el: mert aranyból csinált magának isteneket. De most bocsásd meg bűnöket; ha pedig nem: törölj ki engem a te könyvedből, a melyet írtál" (Exodus 32, 31 - 32) Milyen csodálatos és őszinte szeretet-ima ez!

Továbbá Mózes negyedik könyve (Számbavétel, Numbers) ezt üzeni: "Az az ember pedig, Mózes, igen szelíd vala, minden embernél inkább, a kik e föld színén vannak." A számbavétel 12, 7 így folytatja: "Nem így az én szolgámmal, Mózessel, a ki az én egész házamban hív." A nagy szeretetével és alázatos szívével Mózes a teljes házban hűséges volt, és intim kapcsolatot volt képes Istennel ápolni.

Áldások azoknak, akik a fényben járnak

Jézus, aki a világ fényeként érkezett e világra, csak az igazságot és a mennyei evangéliumot tanította. Az emberek, akik a sötétség munkájától szenvedtek, amely az ellenséges ördög területe, nem tudták befogadni a fényt, és nem üdvözülhettek, hanem a saját maguk tönkre tételének útját választották.

A jószívű emberek észreveszik a hibáikat, megbánják őket, és üdvözülnek az igazság fénye által. A Szentlélek kívánságait követve minden nap lelket és szellemet teremtenek maguk körül, és a fényben járnak. A bölcsesség vagy a képesség hiánya számukra már nem kérdés. Közösséget teremtenek Istennel, aki a Fény, és a Szentlélek hangját és felügyeletét megkapják. Minden jól fog menni számukra, és a mennyországból bölcsességet kapnak. Még ha olyan bonyolult problémákkal is küzdenek, mint a pók hálója, semmi sem tudja eltántorítani őket e problémák megoldásától, és semmilyen akadály nem tudja őket letéríteni az útjukról, mivel a Szentlélek személyesen utasítja őket minden lépésüknél.

Amint Pál első levele a korinthusiakhoz 3, 18 verse biztat

bennünket: "Senki se csalja meg magát. Ha valaki azt hiszi, hogy bölcs ti köztetek e világon, bolond legyen, hogy bölcscsé lehessen", rá kell jönnünk: a világi bölcsesség Isten előtt nevetséges.

Ahogy Jakab evangéliumának 3, 17 versében találjuk: "A felülről való bölcsesség pedig először is tiszta, azután békeszerető, méltányos, engedelmes, irgalmassággal és jó gyümölcsökkel teljes, nem kételkedő és nem képmutató." Amikor szentté válunk és a fényben járunk, a mennyei bölcsesség ránk fog szállni. Ha a fényben járunk, elérjük azt a szintet, ahol akkor sem hiányolunk semmit, ha valóban hiányolunk valamit, és még így is boldogok leszünk.

Pál apostol így vall a Filippiekhez írt levelének 4, 11 versében: "Nem hogy az én szűkölködésemre nézve szólnék; mert én megtanultam, hogy azokban, a melyekben vagyok, megelégedett legyek." Ugyanígy, amennyiben a fényben járunk, beteljesítjük Isten békéjét, és ezzel béke és öröm árad majd belőlünk, és teljesen eltölt bennünket is. Azok az emberek, akik másokkal képesek megbékülni, nem fognak veszekedni a családjukkal, és nem lesznek ellenségesek a családtagjaikkal. Ehelyett – mivel a szeretet és a kegyelem elárasztja a szívüket – állandóan hálálkodni fognak. Ha a fényben járunk, és megpróbálunk Istenre hasonlítani, amennyire csak tudunk, nem csak a bőség áldását kapjuk mindenben, hanem Isten, aki a fény, tekintélyét, képességét, és hatalmát is, ahogy mindezt Ő a tudtunkra adja János harmadik levelének 1,2 versében: "Szeretett [barátom,] kívánom, hogy mindenben jól legyen dolgod, és légy egészséges, a mint jó dolga van a lelkednek." Miután Pál találkozott az Úrral és a fényben járt, Isten megengedte neki, hogy rendkívüli hatalmat tanúsítson, mint az idegenek apostola. Bár István vagy Fülöp nem volt Jézus tanítványa, és próféta sem, Isten mégis nagyszerűen megnyilvánult általuk. Az apostolok cselekedeteinek 6, 8 versében ezt olvassuk: "István pedig teljes lévén hittel és erővel, nagy csodákat és jeleket cselekszik vala a nép között." Az apostolok cselekedeteinek 8, 6 – 7 verseiben meg ezt is láthatjuk: "A sokaság pedig egy szívvel-lélekkel figyelmeze azokra, a miket Filep mondott, hallván és látván a jeleket, melyeket cselekedék. Mert sokakból, kikben tisztátalan lelkek voltak, nagy hangon kiáltva kimenének; sok gutaütött és sánta pedig meggyógyula."

Annyira tudunk Istenről tanúskodni, amennyire elérjük

a szentség állapotát azzal, hogy a fényben járunk, és az Úrra hasonlítunk. Csak néhány ember létezett, aki Isten hatalmát tanúsította. Azonban, még azok között is, akik képesek voltak az Ő hatalmát megmutatni, a hatalom nagysága különböző volt, attól függően, hogy a személy mennyire hasonlított Istenre, aki a fény.

A fényben élek én?

Annak érdekében, hogy megkapd a hatalmat, ami azoknak jár, akik a fényben járnak, meg kell kérdezned magadtól: "Valóban a fényben élek én?"

Tegyük fel, hogy nincsenek speciális problémáid, még ekkor is meg kell vizsgálnod magad: nem éltél-e "langymeleg" életet a Krisztusban, és nem hagytad-e figyelmen kívül a Szentlélek utasításait. Ha igen, fel kell ébredned a szellemi szendergésedből.

Ha valamennyit megszüntettél a gonoszságodból, nem kell ezzel megelégedned: ahogy egy gyerek felnőtté less, neked is el kell érned az ősatyák hitét. Istennel mélyen kell kommunikálnod, és intim baráti, társas kapcsolatba kell

Vele lépned.

Ha a szentesülés felé szaladsz, a legkisebb gonoszt is fel kell lelned magadban, és ki kell irtanod azt magadból. Minél több tekintélyed van, és minél inkább jó eszű leszel, annál inkább kell másokat szolgálnod, és az ő érdekeiket képviselned. Amikor mások, beleértve azokat is, akik kevesebbek, mint te, rámutatnak a hibáidra, el kell ismerned azokat. Ahelyett, hogy kényelmetlenül és elidegenedve éreznéd magad azoktól, akik letérnek az emberi útról és rosszat tesznek, szeretettel és kedvességgel el kell tűrnöd őket, és éles eszűen kell őket befolyásolnod. Senkit nem hibáztathatsz, és nem írhatsz le. A saját igazságosságodban senkit sem hagyhatsz figyelmen kívül, és nem szüntetheted meg a békét.

A fiatalabbaknak, a szegényebbeknek és a gyengébb embereknek több szeretetet adtam. Mint a szülők, akik többet törődnek a gyenge és beteg gyerekükkel, mint az egészségessel, többet imádkoztam az ilyen helyzetben élő emberekért, soha nem hagytam őket figyelmen kívül, és a szívem mélyéről próbáltam őket szolgálni. Azok, akik a fényben járnak, együttérzést kell hogy mutassanak azokkal szemben is, akik nagyon rosszat tettek, meg kell bocsájtaniuk nekik, és a hibáikat el kell födniük ahelyett, hogy a bűntudatukat a felszínre hoznák, és másoknak mutogatnák.

Amikor Isten munkáját végzed, a saját érdemedet nem kell mutogatnod, hanem mások erőfeszítéseit kell elismerned, akikkel együtt dolgoztál. Amikor az erőfeszítéseiket elismerik és dicsérik, neked is boldogabbnak és örömtelibbnek kell lenned.

El tudod képzelni, mennyire szereti Isten azokat a gyermekeket, akik szíve az Urunk szívére hasonlít? Ahogy Ő járt Énokkal 300 évig, Isten a Gyermekeivel is együtt jár majd, akik Őrá hasonlítanak. Nem csak az egészség és jóllét áldását adja meg nekik, hanem a hatalmát is, amellyel értékes edényekként használja majd őket.

Ha azt hiszed, hogy van hited, és szereted Istent, még akkor is vizsgáld meg újra: mennyit fog elismerni Ő a szeretetedből és hitedből, és járj a fényben, hogy az életed bőségesen mutassa az Ő szeretetének bizonyítékait, és az Ő barátságának jeleit, a mi Urunk, Jézus Krisztus nevében imádkozom!

Ötödik Üzenet
A Fény hatalma

1 János 1, 5

*És ez az az üzenet,
a melyet tőle hallottunk
és hirdetünk néktek,
hogy az Isten világosság
és nincsen ő benne
semmi sötétség.*

A Bibliában számos olyan eset van, amikor emberek meggyógyultak, üdvözültek, és választ kaptak Isten valóban csodálatos hatalma által, mely az Ő Fia, Jézus által nyilvánul meg. Amikor Jézus parancsolt, az összes betegség azonnal meggyógyult, míg a gyengeségek erősséggé váltak, vagy elmúltak.

A vakok láttak, a némák újra beszéltek, és a süketek újra hallottak. Egy ember, akinek elsorvadt a keze, megtapasztalta, hogy az meggyógyult, a sánták újra jártak, míg a bénák szintén meggyógyultak. Sőt, a gonosz szellemek távoztak, és a halottak feltámadtak.

Isten hatalmának e csodálatos munkái Jézus által manifesztálódtak, de az Ótestamentum és az Újtestamentum számos más prófétája is kinyilvánította azt. Természetesen a Jézus általi manifesztációk nem egyenértékűek a prófétákéval és apostolokéval. Azonban azon emberek számára, akik Jézusra és Istenre hasonlítottak, Ő hatalmat adott, és úgy használta őket, mint az Ő edényei. Isten, aki a fény, olyan diakónusok által nyilvánult meg, mint István és Fülöp, akik úgy szentesültek, hogy a fényben jártak, és az Úrra hasonlítottak.

Pál apostol kinyilvánította hatalma oly nagy, hogy "Istennek" tekinthetjük

Az Újtestamentum összes szereplője közül Pál apostol Isten-hatalmának kinyilvánítása másodiknak számít Jézus után. Ő az idegeneknek prédikálta az evangéliumot, mert ők nem ismerték Istent, és a hatalom üzenetét, és ezeket csodák és jelek által tették. Ezzel a fajta hatalommal Pál Istenről és Jézus Krisztus igaz istenségéről tettek bizonyságot.

Abból a tényből, hogy a bálványimádás és a varázslás általános volt abban az időben, biztos volt az idegenek között olyan, aki másokat becsapott. Az evangélium terjesztése ezeknek az embereknek azt kívánta, hogy Isten hatalmát kinyilvánítsák, és ez messze felülmúlta a hamis varázslatok hatalmát és a gonosz szellemek munkáját (A rómaiakhoz írt levél 15, 18 19).

Az apostolok cselekedetei 14, 8 részétől találunk egy olyan történetet, amelyben Pál apostol egy Lisztra nevű régióban prédikálja az evangéliumot. Amikor Pál egy örök életében béna embernek ezt parancsolta: "Állj lábra!", az ember felállt, és járni kezdett (Az apostolok cselekedetei 14, 10). Amikor az emberek ezt látták, így vallottak: "Az istenek jöttek le mihozzánk emberi ábrázatban!" (Az apostolok cselekedetei 14, 11). A cselekedetek 28-ban azt látjuk, hogy Pál megérkezik Málta szigetére egy hajótörés után. Összegyűjtött egy rakás bozótot, hogy meggyújtsa, egy vipera, amely a tűz melegétől menekült, rátekeredett a kezére. Amikor ezt látták, a szigetlakók azt hitték, hogy megdagadjon és meghaljon, amikor azonban semmi ilyen nem történt Pállal, az emberek azt mondták, hogy Isten volt (6. vers).

Mivel Pál apostol olyan szívvel bírt, amely Isten előtt igaz volt, úgy tudta Isten hatalmát kinyilvánítani, hogy az emberek "Istennek" hívták.

Isten hatalma, aki a fény

A hatalom nem annak jár, aki azt magának akarja, hanem azoknak, akik Istenre hasonlítanak, és elérték a szentséget. Még ma is, Isten olyan embereket keres, akiket a dicsőség edényeként tud használni, és az Ő erejét nekik tudja adni. Ezért Márk evangéliumának 16, 20 verse erre emlékeztet bennünket: "Azok pedig kimenvén, prédikálának mindenütt, az Úr együtt munkálván velök, és megerősítvén az ígét a jelek által, a melyek követik vala. Ámen!" Jézus ezt is mondta János 4, 48-ban: "Ha jeleket és csodákat nem láttok, nem hisztek." Számtalan ember elvezetése az üdvösséghez a mennyei hatalmat kéri, amely jeleket és csodákat mutat, amelyek az élő Istent tanúsítják. Egy olyan korban, amelyben a bűn és a gonoszság virágoznak, a jelek és csodák annál jobban szükségesek.

Amikor a fényben járunk, és eggyé válunk szellemben az Atyánkkal, ki tudjuk nyilvánítani azt a hatalmas erőt, amit Jézus is kinyilvánított. Ez azért van, mert az Urunk megígérte, hogy: „Bizony, bizony mondom néktek: A ki hisz én bennem, az is cselekszi majd azokat a cselekedeteket, a melyeket én cselekeszem; és nagyobbakat is cselekszik azoknál; mert én az én Atyámhoz megyek." (János evangéliuma 14, 12).

Ha bárki olyan hatalmat mutat, amely a spirituális világban csak Isten által lehetséges, akkor ezt az embert Istenként kell elismerni. Ahogy a 62, 11 Zsoltár emlékeztet minket: „Egyszer szólott az Isten, kétszer hallottam ugyanazt, hogy a hatalom az Istené" az ellenséges ördög és Sátán nem tud olyan hatalmat mutatni, amely Isten sajátja.

Természetesen, mivel szellemi lények, felsőbbrendű hatalmuk van arra, hogy az embereket becsapják, és arra kényszerítsék őket, hogy Istennel ellenkezzenek. Egy dolog azonban biztos: senki nem tudja utánozni Isten hatalmát, amellyel ellenőrzi az életet, halált, áldást, átkot, és az emberiség történelmét, és amellyel valamit teremt valamiből. Ez a hatalom Isten birodalmához tartozik, aki a fény, és csak azok mutathatnak ilyen hatalmat, akik szentesültek, és elérték azt a hitet, amellyel Jézus Krisztus bír.

Különbség Isten tekintélye, képessége és hatalma között

Amikor Isten képességéről beszélnek, sok ember egyenlőséget tesz a tekintély és képesség, vagy a képesség és hatalom közé, azonban van egy kristálytiszta különbség közöttük.

A "képesség" a hit hatalma, amely által valami, ami az ember számára lehetetlen, Isten számára lehetséges lesz. A "tekintély" az az ünnepélyes, méltóságteljes, és nagyszerű hatalom, amelyet isten hozott létre, és a szellemi birodalomban a bűntelenség hatalom. Más szóval a tekintély maga a szentesülés, és Isten azon szentesült gyermekei, akik alaposan megszabadultak a bűntől és igaztalanságtól a szívükben, csak ők kaphatják meg a spirituális tekintélyt.

Akkor mi a "hatalom"? Isten képességére és tekintélyére vonatkozik, amelyeket azoknak ad, akik minden gonoszt kiirtottak magukból, és szentesültek.

Itt van egy példa. Ha egy autóvezetőnek megvan a "képessége", hogy egy járművet vezessen, akkor a forgalmi ellenőrnek is megvan a "tekintély", hogy őt félreállítsa és ellenőrizze. Ezt a tekintélyt – bármely járművet megállítani, majd visszaküldeni az útra – a forgalmi ellenőr a kormánytól kapta. Ezért mivel a jármű vezetőjének nincs "tekintélye", amikor a forgalmi rendőr megállítja őt, meg kell állnia.

Ily módon a tekintély és a képesség különbözik egymástól, és amikor ezek elegyednek, hatalomnak nevezzük. Máté evangéliumának 10, 1 versében ezt találjuk: "És előszólítván tizenkét tanítványát, hatalmat ada nékik a tisztátalan lelkek felett, hogy kiűzzék azokat, és gyógyítsanak minden betegséget és minden erőtelenséget." A hatalom azt jelenti, hogy valakinek megvan a "tekintélye", hogy a gonosz szellemeket kiűzze, és a "képessége", hogy az összes betegséget és gyengeséget meggyógyítsa.

A gyógyítás ajándéka és a hatalom közötti különbség

Azok, akik nem ismerik Isten hatalmát, aki a fény, gyakran azt gondolják, hogy az egyenlő a gyógyítás ajándékával. A gyógyítás ajándéka Pál első levele a korinthusiakhoz 12, 9 verse szerint azt jelenti, hogy a vírusok által okozott betegségeket valaki megszünteti. A némaságot és süketséget, amelyek a testrészek degenerálódásából vagy az idegsejtek halálából jön létre, nem képes gyógyítani. Az ilyen betegségek vagy gyengeségek csak Isten hatalmával gyógyíthatók, és olyan imával, amely az Ő kedvére van. Továbbá, míg Isten munkája, aki a fény, mindig megnyilvánul, a gyógyítás ajándéka nem mindig működik.

Egyrészt Isten a gyógyítás ajándékát azoknak adja, akik – függetlenül a szívük szentesülésének mértékétől – sokat imádkoznak másokért és a lelkeikért, és szeretik őket, és akiket Isten bátor és hasznos edényeknek ítél. Azonban, ha a gyógyítás ajándékát nem az Ő dicsőségére használják, hanem helytelenül, valaki saját javára, Isten visszaveszi azt. Másrészt, Isten hatalma csak azoknak jár, akik elérték a szívük szentesülését. Ha már megkapták, az soha nem gyengül vagy hervad el, mert a személy, aki megkapta, soha nem fogja a saját javára használni azt. Minél jobban hasonlít valaki Isten szívére, annál magasabb szintű hatalmat fog Isten ajándékozni neki. Ha egy egyén szíve és viselkedése eggyé válik az Úrral, Isten hatalmának munkáit tudja kinyilvánítani, ahogy Maga Jézus is tette. Isten hatalma különböző módokon nyilvánulhat meg. A gyógyítás ajándéka a súlyos vagy ritka betegségeket nem tudja gyógyítani, és a kishitűeket nehezebb meggyógyítani a gyógyítás ajándékával. Azonban, Isten hatalmával, aki a fény, semmi sem lehetetlen. Ha egy beteg a hitének a legkisebb jelét megmutatja, az Isten hatalmával történő gyógyulás azonnal megtörténik. Itt a "hit" a szellemi, spirituális hitre vonatkozik, amellyel az ember a szíve mélyén rendelkezik.

Isten hatalmának, aki a fény, négy szintje

Jézus Krisztus által, aki ugyanaz tegnap és ma is, bárki, akit Ő megfelelő edénynek tart, kinyilváníthatja az Ő hatalmát. Isten hatalmának kimutatása különböző szinteken lehetséges. Minél jobban szellemivé válsz, annál magasabb szintű hatalmat kapsz. Azok az emberek, akiknek a

"Éjjel-nappal könnyeztem.
Még jobban fájt,
amikor az emberek ezt mondták nekem:
"az AIDS-es gyermek.""

Az Úr meggyógyított az Ő hatalmával,
és a családomnak mosolyt adott.
Annyira boldog vagyok most!

Esteban Juminka Hondurasból, aki kigyógyult az AIDS-ből

spirituális szeme nyitva van, a fények különböző szintjeit láthatják, Isten hatalmának szintjei szerint. Az emberi teremtmények, mint lények Isten hatalmának legfeljebb négy szintjét tudják megmutatni.

A hatalom első szintje Isten hatalmának kinyilvánítása a vörös fény által, amely a Szentlélek tüze által pusztít.

A Szentlélek hatalma, mely az első szintről árad, amely a piros fényben nyilvánul meg, elégeti és meggyógyítja a betegségeket, beleértve a vírusok vagy baktériumok okozta bajokat. Olyan betegségek tartoznak ide, mint a rák, a tüdőbetegség, a cukorbetegség, a leukémia, vesebetegség, ízületi gyulladás, szívbajok, vagy az AIDS, amelyek mind meggyógyulnak. Azonban ez nem jelenti azt, hogy a fent felsorolt összes betegség meggyógyítható a hatalom első szintjén. Azok, akik már túlléptek az Isten által felállított élet határain, mint a rák utolsó stádiuma, vagy a tüdőbetegség, a hatalom első szintje nem lesz elegendő.

A sérült vagy működésképtelen testrészek visszaállítása nagyobb hatalmat igényel, amely nemcsak meggyógyítja, de újra is építi ezeket a testrészeket. Még ebben az esetben is, a beteg hitének a mértéke, valamint az ő családja hitének a mértéke fogja meghatározni, hogy Isten mely szinten

"Láttam a fényt...
Végre kijöttem
a tizennégy éves alagutamból...
Már lemondtam magamról,
de újjászülettem
az Úr hatalma által!"

Shama Masaz Pakisztánból,
miután megszabadult a 14 éve tartó démon-uralomtól

nyilvánítja majd ki a hatalmát. Az alapítás óta számtalan alkalommal megnyilvánult a hatalom első szintje a Központi Manmin templomban. Amikor az emberek engedelmeskedtek Isten szavának és imában részesültek, számos betegség és gyengélkedés meggyógyult. Amikor az emberek kezet fogtak velem vagy megérintették a ruhám szélét, vagy egy olyan zsebkendő által kaptak imaáldást, ami fölött korábban imádkoztam, vagy meghallgatták az automatizált rendszerben felvett imámat, vagy ha a betegek képei fölött imádkoztam, újra és újra megtapasztaltuk Isten gyógyítását.

A hatalom első szintjén történő munka nem korlátozódik a Szentlélek tüze általi pusztításra azonban. Egy egyén Isten hatalmának még nagyobb munkáit tudja megmutatni, ha egyetlen pillanatra is hittel imádkozik és az inspiráció állapotába kerül, és a Szentlélek tüze eltölti őt. Ez egy egyszeri alkalom azonban, és csak akkor fordul elő, ha Isten akarata úgy ítéli meg, mivel nem az Ő hatalmának állandó beágyazottságáról van szó.

A hatalom második szintje Isten hatalmának a megnyilvánulása a kék fény által.

Malakiás próféta könyvének 4, 2 verse ezt üzeni

számunkra: "És feltámad néktek, a kik félitek az én nevemet, az igazságnak napja, és gyógyulás lesz az ő szárnyai alatt, és kimentek és ugrándoztok, mint a hizlalt tulkok." Azok az emberek, akiknek nyitva van a spirituális szeme, lézerszerű sugarakat látnak, amelyek a gyógyítás sugarai.

A hatalom második szintje elűzi a sötétséget, felszabadítja a démonok és a Sátán által megszállott embereket, valamint azokat is, akiket különböző gonosz szellemek irányítanak. A sötétség által hozott különböző betegségek, mint az autizmus, idegösszeomlás, és mások gyógyulhatnak meg a hatalom második szintjén. Ezek a betegségek megelőzhetőek, ha "mindig örvendezünk", és "mindenben hálát adunk". Ha mindenkit utálsz ahelyett, hogy örülnél és hálálkodnál, és ha beteges gondolatokat táplálunk magunkban, negatívan gondolkodunk, könnyen feldühödünk, sokkal könnyebben utolérnek ezek a betegségek, mert sérülékenyebbek leszünk. Amikor a Sátán erői, amelyek arra vezetik az embert, hogy gonosz gondolatai és szíve legyen, elűzetnek, ezek a mentális betegségek mind meggyógyulnak, természetes úton.

Időről időre, Isten hatalmának második szintje által a

fizikai betegségek és gyöngeségek meggyógyulnak. Az ilyen betegségek és gyengeségek, amelyeket a démonok és gonoszok munkája okoz, meggyógyulnak Isten hatalmának a második szintjén létező fénytől. Itt a "gyengeségek" a testrészek degenerálására és paralízisére vonatkozik, mint a némák, süketek, sánták, vakok, a születésüktől bénák, és más hasonlóak esete.

Márk evangéliumának 9, 14 versétől kezdve van egy jelenet, amelyben Jézus kivezetett egy "süket és néma szellemet" egy fiúból (25. vers). Ez a fiú egy gonosz szellem miatt volt süketnéma. Amikor Jézus a szellemet kiűzte belőle, a fiú azonnal meggyógyult.

Ugyanígy, amikor egy betegség oka a sötétség erejében rejlik, beleértve a démonokat is, a gonosz szellemeket a beteg gyógyulása érdekében ki kell űzni. Ha valaki emésztési problémáktól szenved, ami az idegproblémái következménye, az okot kell megszüntetni úgy, hogy a Sátán erejét ki kell vezetni belőle. Az olyan betegségekben, mint a paralízis vagy az ízületi gyulladás, a sötétség erejének nyomai megtalálhatóak. Néha annak ellenére, hogy az orvosi eredmények semmit sem mutatnak, az emberek fájdalmat éreznek a testükben. Amikor valakiért imádkozom, aki ily módon szenved, mások – akiknek a spirituális szeme nyitva van - látják, amint a sötétség ereje

"Oh, Istenem! Hogy lehetséges ez? Hogy lehet, hogy sétálok?"

gy kenyai idős asszony jár, miután eghallgatta a pulpitusról az imát

undorító állatok formájában elhagyja a beteg testét.

Ezekre az erőkre ráadásul, amelyek a betegségekben és gyengeségekben léteznek, Isten hatalmának második szintje, amely a fény, a sötétség erőit kiűzhetik a munkahelyről, otthonról, és az üzleti életből. Amikor egy olyan egyén, aki meg tudja mutatni Isten hatalmának második szintjét, meglátogatja azokat, akik üldözéstől szenvednek otthon és a munkahelyükön, mivel a sötétség kiűzetik belőlük, és a fény elárasztja az embereket, áldások szállnak rájuk, a tetteiknek megfelelően.

A halottak feltámasztása, vagy valaki életének befejezése Isten akarata szerint szintén Isten hatalmának a második szintjén nyilvánul meg. A következő esetek esnek ebbe a kategóriába: Pál apostol feltámasztja Eutikuszt (Az apostolok cselekedetei 20, 9 – 12), Ananiász és Szafíra becsapja Péter apostolt, majd Péter apostol elátkozza őket, aminek következtében meghalnak (Az apostolok cselekedetei 5, 1 – 11), és Élisa elátkozza a gyermekeket, ami szintén az ő halálukkal végződik (A királyok második könyve 2, 23 – 24).

Azonban alapvető különbség van Jézus és Péter és Pál apostolok, valamint Élisa próféta munkája között. Végső soron Isten, mint az összes szellem ura kellett hogy megengedje, hogy valaki élhetett, vagy elvitetett. Azonban,

"Én magam sem tudtam ránézni a
Saját testemre, annyira megsült...

Amikor egyedül voltam,
Ő eljött hozzám,
kinyújtotta a Kezét,
és az Oldalához húzott...

A Szeretete és elkötelezettsége által
Új életet kaptam...
Van bármi is a világon,
Amit nem tennék meg az Úrért?"

Eundeuk Kim, vezető diakonissza
meggyógyult a harmadfokú égési sebeiből,
amely a teljes testét beborította

mivel Jézus és Isten egy és ugyanaz, amit Jézus akart, az volt, amit Isten is akart. Ezért Jézus feltámaszthatta a holtakat, de csak úgy, hogy az Ő szavaival parancsolt nekik (János evangéliuma 11, 43 – 44), míg más próféták és apostolok meg kellett hogy kérdezzék Őt az Ő akaratáról, és engedélyt kellett kérniük ahhoz, hogy bárkit is feltámasszanak.

A hatalom harmadik szintje Isten hatalmának megnyilvánulása a fehér vagy színtelen fény által, és mindenféle jel, valamint a teremtés munkája követi.

Isten, aki a fény, hatalmának harmadik szintjén mindenféle jel, és a teremtés is megmutatkozik. Itt a "jelek" azokra a munkákra vonatkoznak, amelyek által a vakok látnak, a némák beszélnek, és a süketek hallanak. A sánták felállnak és járnak, a rövid lábak megnyúlnak, és a gyerekkori paralízis vagy a gerincvelő-bénulás teljesen meggyógyul. A deformált vagy teljesen degenerálódott testrészek teljesen helyreállnak. A széttört csontok összenőnek, a hiányzó csontok pótlódnak, a túl rövid nyelvek kinőnek, és az ízületek újrakapcsolódnak egymással. Sőt, mivel Isten hatalmának fényei az első, második és harmadik szinten egyszerre meg tudnak nyilvánulni a harmadik szinten szükség szerint, semmilyen betegség vagy gyengeség nem jelenthet gondot. Ha valaki a feje búbjától a lábujjáig megég, vagy forró víz ömlik rá, Isten akkor is mindent újraalakíthat rajta. Ahogy Isten a semmiből valamit fog teremteni, nemcsak lélektelen gépezeteket, hanem emberi testrészeket is össze tud forrasztani.

A Manmin Központi Templomnál a zsebkendő-imákkal és az automatizált telefonos üzenetekkel olyan testrészeket gyógyítunk meg, amelyek nem működtek kellőképpen, vagy súlyosan megsérültek. Amíg a brutálisan megsérült tüdők gyógyulnak, vagy a transzplantációra váró vesék és májak normálissá válnak, Isten hatalmának harmadik szintjén azt látjuk, hogy az alkotás hatalmának munkái egyre inkább megnyilvánulnak.

Létezik egy tényező, amit világosan differenciálnunk kell. Egyrészt, ha egy gyenge testrész funkciója visszaáll, az Isten hatalmának első szintjén valósul meg. Másrészt, ha egy olyan testrész működése, amelynek esélye sem volt a regenerálódásra visszaáll, vagy teljesen újjáalakul, ez Isten hatalmának harmadik szintjén valósul meg, amely az alkotás szintje.

A hatalom negyedik szintje Isten hatalmának megnyilvánulása az aranyfény által, és ez a hatalom gyümölcse.

Jézus hatalmának megnyilvánulása által látjuk, hogy a hatalom negyedik szintje minden dolgot irányít, az időjárást, és még az élettelen dolgokat is úgy irányítja, hogy neki engedelmeskedjenek. Máté evangéliumának 21, 19 versében Jézus megátkozott egy fügefát, aminek következtében "A fügefa azonnal elhervadt." Máté evangéliumának 8, 23 versétől van egy jelenet, amelyben Jézus megfeddte a szellőt és a hullámokat, ami után teljesen nyugodt lett minden. Még a természet, és az élettelen dolgok, mint a szél és a tenger, még ők is engedelmeskedtek, és azt tették, amit Jézus parancsolt.

Jézus egyszer azt mondta Péternek, hogy menjen be a mély vízbe, és engedje le a hálót halászásra, és amikor Péter engedelmeskedett, olyan sok halat fogott, hogy a hálója elszakadt (Lukács evangéliuma 5, 4 – 6). Egy másik alkalommal Jézus azt mondta Péternek, hogy "menj a tengerre, vesd be a horgot, és vond ki az első halat, a mely rá akad: és felnyitván a száját, egy státert találsz benne: azt kivévén, add oda nékik én érettem és te éretted." (Máté evangéliuma 17, 24 – 27).

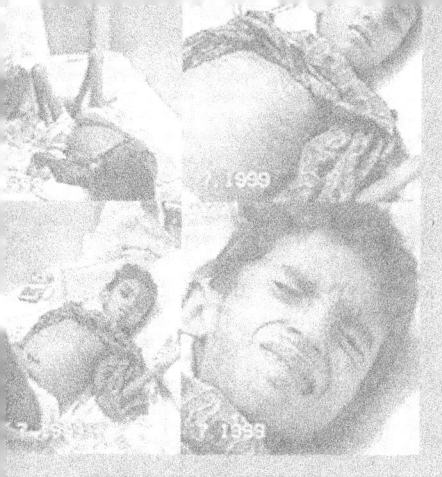

"Annyira fájdalmas...
Annyira fájdalmas,
hogy nem tudom kinyitni a
szememet...
Senki sem tudta, hogy mit
éreztem,
de az Úr mindent tudott, és
meggyógyított engem."

Cynthia Pakisztánból,
miután meggyógyult a celiac és ileus betegségekből

Mivel Isten mindent az Ő hangjával alkotott meg az univerzumban, amikor Jézus az univerzumnak parancsolt, az engedelmeskedett Neki, és reálissá vált. Ugyanígy, ha elértük az igaz hitet, biztosak lehetünk abban, hogy mit remélünk, és biztosak lehetünk abban, amit nem látunk (A zsidókhoz írt levél 11, 1), és a hatalom munkája, amely mindent megteremt a semmiből, megnyilvánul majd.

Továbbá, Isten hatalmának negyedik szintjén a munka úgy valósul meg, hogy túlszárnyal időt és teret.

Jézus Isten-hatalmának kinyilvánításai közül néhány túlszárnyalta az idő és tér kategóriáit. Márk evangéliumának 7, 24 versétől kezdve egy jelenetben egy nő arra kéri Jézust, hogy gyógyítsa meg a démonok által megszállott lányát. Amikor látta a nő alázatosságát és hitét, Jézus ezt mondta neki: "E beszédért, eredj el; az ördög kiment a te leányodból." (29. vers). Amikor a nő hazatért, a gyermekét az ágyon fekve találta, és a démon eltűnt.

Bár Jézus nem látogatta meg személyesen a betegeket, amikor látta a betegek hitét, és parancsolt, olyan gyógyulások történtek, amelyek időn és téren túliak voltak.

Az, hogy Jézus egyedüliként a vízen járt, annak a hatalomnak a kinyilvánítása, amelyet egyedül Ő bírt, szintén azt tanúsítja, hogy az univerzumban minden az Ő tekintélye alatt áll.

Továbbá Jézus ezt mondja János evangéliumának 14, 12 versében: "Bizony, bizony mondom néktek: A ki hisz én bennem, az is cselekszi majd azokat a cselekedeteket, a melyeket én cselekeszem; és nagyobbakat is cselekszik azoknál; mert én az én Atyámhoz megyek." Amint Ő biztosított bennünket, a Manmin Központi Templomban Isten hatalmának igazán csodálatos munkái nyilvánulnak meg.

Például számos olyan csoda történt, amelyben az időjárást megváltoztatták. Amikor imádkozom, az áradó eső eláll, egy nagyon sötét felhő elhúzódik, míg egy tiszta ég egy pillanat alatt felhős less. Számos olyan alkalom is volt, amikor élettelen tárgyak engedelmeskedtek az imámnak. Még az életveszélyes széndioxid mérgezés esetében is, egy-két perccel a parancsom után az a személy, aki a mérgezéstől eszméletlen volt, magához tért, anélkül, hogy bármilyen mellékhatásokat észlelt volna. Amikor egy személyért imádkoztam, aki harmadfokú égést szenvedett, és azt mondtam: "Égő érzés, tűnj el!", a személy nem érzett továbbra fájdalmat.

Ráadásul, Isten hatalma, amely túlárad az időn és téren, egyre jobban és túláradóbban valósul meg. Cynthia, Wilson

John lelkipásztor a Pakisztáni Manmin Templomban, lányának esete különösképpen figyelemre méltó. Amikor Szöulban imádkoztam a fényképe fölött, a lány – akivel kapcsolatban az orvosok már minden reményt feladtak – gyorsan meggyógyult, amint az imám elhangzott több ezer mérföld távolságból.

A hatalom negyedik szintjén, amely a betegségek meggyógyításának, a sötétség erőinek elűzése, a csodák kimutatásának, és mindenek fölötti parancsolás képességének a hatalma, az első, a második és a harmadik szintek elegyített hatalmának munkái valósulnak meg.

Az alkotás legmagasabb hatalma

A Biblia lejegyzi Jézus hatalmának megnyilvánulásait, amelyek a negyedik szint fölött vannak. Ez a szint, a Legmagasabb Hatalom Szintje, az Alkotóhoz tartozik. Ez a szint nem azon a szinten valósul meg, amelyen az emberek kinyilatkoztatják az Ő hatalmát. Ehelyett az eredeti fénytől származik, amely akkor fénylett, amikor Isten egyedül létezett.

János evangéliumának 11. versében Jézus megparancsolta Lázárnak, aki négy napja halott volt, és akinek a teste szörnyű bűzt árasztott: "Lázár, jer elő!" Az Ő parancsára a halott ember előjött, a kezein és lábain vászondarabokkal, és az arcán egy darab körültekert ronggyal (43- 44. versek).

Miután egy személy minden gonoszságtól megtisztult, szentté vált, az Atya Isten szívére hasonlít, és teljes lélekké vált, be fog lépni a szellemi birodalomba. Minél többet tud a spirituális birodalomról, annál magasabb szinten fogja kinyilvánítani Isten hatalmát, azaz a negyedik szint fölé tart.

Ekkor eléri azt a szintet, amely azé a hatalomé, amelyet csak az Isten képes megmutatni, amely az Alkotás Legmagasabb Hatalma. Amikor az embere teljesen beteljesíti ezt, mint amikor Isten megteremtette az univerzumot az Ő parancsával, csodálatos alkotómunkát is be fog mutatni.

Például, amikor ezt parancsolja egy vak embernek: "Nyisd ki a szemed" – a vak ember szeme azonnal kinyílik. Amikor egy némának ezt parancsolja: "Beszélj!", a néma egyetlen pillanat alatt beszélni fog. Amikor egy sántának azt mondja: "Járj!", az feláll és szalad. Amikor parancsol, sebek és gyengélkedő testrészek meggyógyulnak majd.

Mindez Isten fénye és hangja által valósul meg, aki hangként létezett az idő kezdete előtt. Amikor a hang előhívja a fényben történő végtelen alkotást, a fény leszáll, és a munka megnyilvánul. Ez a módja az embereknek, akik túlléptek az élet határain, amelyet Isten felállított, hogy a betegségeket és gyengélkedéseket, amelyek nem gyógyíthatók meg a hatalom első, második vagy harmadik szintjén, meggyógyítsák.

Isten hatalmának, aki a fény, megkapása

Hogyan hasonlíthatunk Isten szívére, aki a fény, hogyan kaphatjuk meg a hatalmát, hogy számtalan embert elvezethessünk az üdvösséghez?

Először, minden gonoszt el kell kerülnünk, szentesülnünk kell, valamint szívbeli jóságra kell szert tennünk, és a legnagyobb jóra kell áhítoznunk.

Ha nem mutatsz beteges gondolatokat vagy kellemetlen érzéseket valakivel szemben, aki az életedet megkeseríti, vajon elérted a szív jóságát? Nem, nem erről van szó. Ha vársz és tűrsz, Isten szemében ez csak a jó irányában tett első lépés.

A jóság magasabb szintjén az egyén úgy fog beszélni és viselkedni, hogy meghassa azokat az embereket, akik megnehezítik az életét. A jóság legmagasabb szintjén, ami

Istennek is tetszik, az embernek képesnek kell lennie arra, hogy az életét is feladja az ellensége érdekében.

Jézus meg tudott bocsájtani azoknak az embereknek, akik keresztre feszítették Őt, és szabadon feláldozta az életét értük, mivel Ő birtokolta a legfelsőbb jót. Mózes és Pál apostol készen álltak arra, hogy feláldozzák az életüket azokért, akik meg akarták gyilkolni őket.

Amikor Isten el akarta pusztítani Izrael népét, akik bálványimádattal ellenkeztek, panaszkodtak, és Ellene beszéltek, amikor nagy jeleket és csodákat láttak, mit válaszolt Mózes? Komolyan így kérte Istent: "De most bocsásd meg bűnöket; ha pedig nem: törölj ki engem a te könyvedből, a melyet írtál." (Exodus 32, 32) Pál apostol ugyanilyen volt. Ahogy vallotta A rómaiakhoz írt levél 9, 3 versében: "Mert kívánnám, hogy én magam átok legyek, [elszakasztva] a Krisztustól az én atyámfiaiért, a kik rokonaim test szerint", Pál megvalósította a legmagasabb szintű jóságot, és ezért Isten hatalmának nagyszerű munkái követték őt mindenhol.

Következő: meg kell valósítanunk a spirituális szeretetet.

A szeretet jelentősen visszaszorult manapság. Bár sokan

mondják egymásnak, hogy "Szeretlek", az idő múlásával azt látjuk, hogy e szeretet nagyjából húsbéli szeretet, mely megváltozik. Isten szeretete szellemi szeretet, amely napról napra magasztosul, és amelyről részletes leírást találunk Pál első levele a korinthosziakhoz 13 versében.

Először: "A szeretet hosszútűrő, kegyes; a szeretet nem irígykedik, a szeretet nem kérkedik, nem fuvalkodik fel." Az Urunk megbocsájtotta a bűneinket és hibáinkat, és megnyitotta az üdvösség útját úgy, hogy türelmesen vár még azokra is, akiknek nem lehet megbocsájtani. Azonban, annak ellenére, hogy megvalljuk a szeretetünket az Úr iránt, rögvest feltárjuk a testvéreink bűneit és hibáit. Elhamarkodottan ítélkezünk, ha valaki vagy valami nem a tetszésünk szerinti? Féltékenyek voltunk valakire, vagy elkenődtünk-e azon, hogy valaki élete jól megy?

Továbbá, a szeretet "nem kérkedik, nem fuvalkodik fel" (5. vers).

Még ha úgy is tűnünk kívülről, hogy az Urat dicsőítjük, ha olyan a szívünk, amely másoktól elismerést vár, magunkat mutogatjuk, vagy másokat figyelmen kívül hagyunk, vagy kioktatunk a pozíciónk vagy tekintélyünk miatt, ez bölcsködésnek minősül, és azt jelentené, hogy büszkék vagyunk.

Továbbá: a szeretet "nem cselekszik éktelenül, nem

keresi a maga hasznát, nem gerjed haragra, nem rójja fel a gonoszt" (5. vers). A durva viselkedésünk az emberek és Isten iránt, az álhatatlan szívünk és agyunk, mely oly hamar megváltozik, az erőfeszítésünk, hogy mások kárán is nagyobbaknak tűnjünk, a nehezen eltakarható beteges gondolataink, a hajlamunk, hogy negatívan és gonoszan gondolkodjunk másokról, és a hasonlók, nem számítanak szeretetnek.

Ráadásul, a szeretet "nem örül a hamisságnak, de együtt örül az igazsággal" (6. vers).

Ha van bennünk szeretet, mindig az igazságban kell járnunk, és örülnünk kell neki. Ahogy János evangéliumának 1, 4 verse üzeni számunkra: "Nincs annál nagyobb örömem, mintha hallom, hogy az én gyermekeim az igazságban járnak " – az igazság kell hogy az örömünk és elragadtatásunk forrása legyen.

Végül, a szeretet "mindent elfedez, mindent hiszen, mindent remél, mindent eltűr" (7. vers). Azok, akik igazán szeretik Istent, megismerik Isten akaratát, és ezért mindenben hinni fognak. Ahogy az emberek várják, mert komolyan hisznek az Urunk visszatérésében, a hívők feltámadásában, a mennyei jutalmakban és hasonlókban, és a fenti dolgokban hisznek, az összes nehézséget eltűrik, és igyekeznek az Ő akaratát megvalósítani.

Annak érdekében, hogy az Ő szeretetének bizonyítékait bemutassa azoknak, akik engedelmeskednek az igazságnak, mint a szeretet, jóság, és mások, amint azt a Bibliában látjuk, Isten, aki a fény, ajándékként megadja nekik az Ő hatalmát. Ő találkozni akar azokkal, akik a fényben járnak, mert meg akarja válaszolni ezen emberek kérdéseit.

Ezért, az önmagad felfedezése és a szíved feltépése által, légy Isten előtt elkészült edény, és tapasztald meg Isten hatalmát, mivel vágysz Isten áldásaira és válaszaira, a mi Urunk, a Jézus Krisztus nevében imádkozom ezért!

Hatodik Üzenet
A vakok szeme kinyílik

János evangéliuma 9, 32 – 33

*Öröktől fogva nem hallaték,
hogy vakon szülöttnek szemeit valaki megnyitotta volna.
Ha ez nem Istentől volna,
semmit sem cselekedhetnék.*

Az apostolok cselekedetei 2, 22 versében Jézus tanítványa, Péter, miután megkapta a Szentlelket, Joel prófétát idézi a zsidóknak. "Izraelita férfiak, halljátok meg e beszédeket: A názáreti Jézust, azt a férfiút, a ki Istentől bizonyságot nyert előttetek erők, csudatételek és jelek által, melyeket ő általa cselekedett Isten ti köztetek, a mint magatok is tudjátok." Jézus nagyszerű hatalom-megnyilvánulásai, jelei és csodái voltak azok az evidenciák, amelyek arról tanúskodtak, hogy a keresztre feszített Jézus valóban az a Messiás volt, akinek az eljövetelét előrevetítették az Ótestamentumban.

Továbbá Péter maga is kinyilvánította Isten hatalmát, miután megkapta a Szentlélek hatalmát. Meggyógyított egy nyomorék koldust (Az apostolok cselekedetei 3, 8), és megtapasztalta azt, hogy ahol eljárt, az emberek a betegeket kihozták az utcákra lepedőkön és ágyakon, hogy ahogy elhalad mellettük, legalább az árnyéka rájuk essen, hogy meggyógyítsa őket (az apostolok cselekedetei 5, 15).

Mivel a hatalom egy bizonyíték, mely Isten jelenlétét bizonyítja abban, aki a hatalmat megmutatja, ezért a legbiztosabb módja annak, hogy a hit egy magját elvessük a hitetlenek szívében. Isten ezért hatalmat adott azoknak, akiket erre megfelelőnek tartott.

Jézus meggyógyít egy vak embert

János evangéliumának 9. versétől egy történet található, amelyben Jézus találkozik egy olyan emberrel, aki vaknak született. "És kérdezék őt a tanítványai, mondván: Mester, ki vétkezett, ez-é vagy ennek szülei, hogy vakon született? " (2. vers) Válaszként Jézus elmagyarázta nekik, hogy az ember azért született vakon, hogy Isten hatalma megnyilvánuljon az életében (3. vers). Aztán Ő a földre köpött, sárt csinált a nyálával a porból, ráhelyezte azt a vak ember szemére, és ezt parancsolta a vak embernek: "Menj el, mosakodjál meg a Siloám tavában" (6.-7. vers). Az ember engedelmeskedett és megmosakodott a Siloám tavában, a szemei kinyíltak.

Bár számtalan olyan ember van, akiket Jézus meggyógyított a Bibliában, ezt a vak embert valami az összes többitől megkülönbözteti. Ez az ember nem könyörgött Jézusnak, hogy gyógyítsa meg, ehelyett Jézus odament hozzá, és teljesen meggyógyította őt.

Miért kapott ez a vakon született ember ilyen bőséges kegyelmet?

Először: az ember engedelmes volt.

Egy hétköznapi embernek semmi, amit Jézus tett, nem érthető: az, hogy a földre köpött, sárt formált, amit a vak ember szemére rakott, és azt mondta annak, hogy menjen és mosakodjon meg a Siloám tavában. A hétköznapi észjárás nem engedi meg egy ilyen embernek, hogy elhiggye, hogy egy vakon született ember szemei kinyílnak, miután sarat helyeznek rájuk, és megmosá egy bizonyos vízben. Továbbá, ha ez az ember úgy hallotta a parancsolatot, hogy nem is tudta, ki Jézus, ő és a körülötte levők nemcsak hogy hitetlenkednének, hanem még dühösek is lennének. Azonban ezzel az emberrel nem ez történt. Amikor Jézus parancsolt, ez az ember engedelmeskedett, és megmosta az arcát a Siloám tavában. Végül és csodálatos módon a szemei, amelyek zárva voltak, mióta megszületett, kinyíltak, és életében először látott.

Ha azt hiszed, hogy Isten szava nem egyezik meg az ember józan eszével vagy tapasztalatával, próbálj meg engedelmeskedni jámbor szívvel az Ő szavának, mint ahogyan ez a vak ember is tette. Ekkor Isten kegyelme rád száll, és – mint ahogy a vak ember is látó lett – neked is csodálatos tapasztalataid lesznek.

Másodszor: a vakon született ember spirituális szemei, amelyek nem tudták megkülönböztetni az igazságot a hazugságtól, kinyíltak.

A zsidókkal folytatott beszélgetéséből, amelyet az után folytatott, hogy meggyógyult, látjuk, hogy bár a vak ember szemei fizikailag zártak voltak, a szíve jóságának a segítségével meg tudta különböztetni a jót a rossztól. Ezzel ellentétben a zsidók spirituálisan vakok voltak, és a törvény merev keretei közé zárták magukat. Amikor a zsidók megkérdezték a gyógyulás részleteiről, a korábban vak ember bátran kijelentette: "Egy ember, a kit Jézusnak mondanak, sarat készíte és rákené a szemeimre, és monda nékem: Menj el a Siloám tavára és mosódjál meg; miután pedig elmenék és megmosakodám, megjöve látásom" (11. vers).

Hitetlenül, amikor a zsidók megvizsgálták a korábban vak embert, "Te mit szólsz ő róla, hogy megnyitá a szemeidet?" – kérdezték őt, mire az ember ezt válaszolta: "Hogy próféta Ő." (17. vers). Az ember azt gondolta, hogy ha Jézus elég hatalmas volt ahhoz, hogy a vakságot meggyógyítsa, akkor biztos Isten embere Ő. Ironikus módon a zsidók megfeddték az embert: "Adj dicsőséget az Istennek; mi tudjuk, hogy ez az ember bűnös" (24. vers).

Mennyire logikátlan az állításuk! Isten nem válaszolja meg egy bűnös imáját. És nem ad hatalmat egy bűnösnek arra, hogy más emberek szemét kinyissa, hogy dicsőséget kapjon. Bár a zsidók nem értették, és nem is hitték ezt, a korábban vak ember merész és igaz vallomásokat tett: "Pedig tudjuk, hogy az Isten nem hallgatja meg a bűnösöket; hanem ha valaki istenfélő, és az ő akaratát cselekszi, azt hallgatja meg. Öröktől fogva nem hallaték, hogy vakon szülöttnek szemeit valaki megnyitotta volna. Ha ez nem Istentől volna, semmit sem cselekedhetnék." (31.-33. versek).

Mivel a teremtés óta egyetlen vak szemet sem tudtak kinyitni, bárki, aki hallotta ennek az embernek a jó hírét, örülnie kellett volna, és vele együtt ünnepelnie kellett volna. Ehelyett a zsidók között ítélkezés volt, és ellenségeskedtek. Mivel a zsidók spirituálisan tudatlanok voltak, azt gondolták, hogy Isten munkája azt jelentette, hogy ellenkeznek Vele. A Biblia azt üzeni azonban számunkra, hogy kizárólag Isten képes kinyitni a vakok szemét.

A 146, 8. zsoltár arra emlékeztet bennünket, hogy: "Az Úr megnyitja a vakok szemeit, az Úr felegyenesíti a meggörnyedteket; szereti az Úr az igazakat," míg Ézsaiás próféta könyvének 29, 18 verse ezt tartalmazza: "És meghallják ama napon a siketek az írás beszédeit, és a homályból és sötétből a vakoknak szemei látni fognak." Ugyanitt, a 35, 5 vers meg ezt üzeni: „Akkor a vakok szemei megnyílnak, és a süketek fülei megnyittatnak." Itt, "ama nap" és az "akkor" arra az időre utal, amikor Jézus megérkezett, és a vakok szemeit kinyitotta.

Ezen verssorok és emlékeztetők ellenére, a merev korlátaikkal és gonoszságukkal a zsidók nem hittek Isten munkájában, amelyet Jézus által mutatott meg nekik, ezért azzal vádolták Jézust, hogy bűnöző, aki Isten szava Ellen szegül. Bár a vak ember nem bírt nagy tudással a jog tekintetében, a jó lelkiismeretével tudta az igazságot: hogy Isten nem hallgat a bűnösökre. Az ember azt is tudta, hogy a vak szemek gyógyulása kizárólag Isten által lehetséges.

Harmadszor: miután megkapta Isten kegyelmét, a korábban vak ember az Úr elé jött, és eldöntötte, hogy egy teljesen új, szent életet él.

A mai napig, megtapasztaltam és tapasztalom, hogy emberek, akik eljutnak a halál küszöbéig erőt és válaszokat kapnak az élet különböző gondjaira a Manmin Központi Templomban. Azonban panaszkodom, ha olyant látok, hogy az emberek szíve akkor sem változik meg, ha megkapják Istentől a kegyelmet, vagy ha azt látom, hogy

"Anyukám, olyan vakító... először életemben, látom a fényt... Soha nem gondoltam, hogy ez megtörténhet velem..."

Jennifer Rodriguez a Fülöp-szigetekről, aki születésétől kezdve vak volt, először látott élete nyolc éve alatt

elhagyják a hitüket, és visszatérnek a világi dolgokhoz. Amikor az életük fájdalmas és gyötrelmekkel teli, az ilyen emberek könnyekkel a szemükben így sírnak: "Ha meggyógyulok, csak az Úrnak fogok élni." Amikor meggyógyulnak, és áldásokban részesülnek, a saját érdekük miatt elfelejtik a kegyelmet, és eltávolodnak az igazságtól. Ha megoldódnak a fizikai problémáik, hasztalan, mert a lelkük már eltávolodott az üdvösség útjáról, és a pokol felé tart.

Ez az ember, aki vakként született, jó szívvel bírt, amely nem feledte el a kegyelmet. Ezért, amikor Jézussal találkozott, nem csak a vakságból gyógyult ki, hanem az üdvösség áldását is bebiztosította magának. Amikor Jézus megkérdezte tőle: "Hiszel az Ember Fiában?", az ember ezt válaszolta neki: "Ki az, Uram, hogy higgyek benne?" (35-36. versek). Amikor Jézus válaszolt: "Láttad is őt, és a ki beszél veled, az" (37-38. vers). Ez az ember nem egyszerűen "hit", hanem fogadta Jézust a szívében, mint Krisztust. Az ember magabiztos vallomása arról szólt, hogy csak az Urat követte elhatározásában, és csak az Úrért élt.

Isten mindannyiunktól azt akarja, hogy Elé járuljunk, és ilyen szívvel. Azt akarja, hogy Őt keressük, és nem csak azért, mert Ő meggyógyít bennünket, és megáld minden jóval. Azt szeretné, hogy megértsük az igaz szívét, amellyel

"A szívem elvezetett arra a helyre...

Csak kegyelmet akartam...

Isten egy hatalmas ajándékot adott.
Ami a látásnál is boldogabbá tesz az,
hogy láttam az élő Istent!"

Mária Honduraszból,
aki elvesztette a job szeme látását,
amikor kétéves volt,
újra látott, miután Dr. Jaerock Lee imádkozott érte

gondolkodás nélkül feladta az Egyetlen Fiát értünk, és elfogadjuk Jézus Krisztust, mint Megmentőnket. Nem csak a szájunkkal, hanem a cselekedeteinkkel is meg kell mutatnunk, hogy szeretjük Őt. János evangéliumának 5, 3 versében ezt mondja nekünk: "Mert az az Isten szeretete, hogy megtartjuk az ő parancsolatait; az ő parancsolatai pedig nem nehezek." Ha igazán szeretjük Istent, minden gonoszságot le kell küzdenünk magunkban, és minden nap a világosságban kell járnunk.

Ha ilyen szeretettel kérünk bármit is Istentől, elképzelhetetlen, hogy Ő ne válaszoljon. Máté evangéliumának 7, 11 versében Jézus megígéri nekünk: "Ha azért ti gonosz létetekre tudtok a ti fiaitoknak jó ajándékokat adni, mennyivel inkább ád a ti mennyei Atyátok jókat azoknak, a kik kérnek tőle?!" – el kell hinned, hogy a szeretett Atya Isten meg fogja válaszolni az Ő gyerekeinek az imáit.

Ezért egyáltalán nem számít, hogy milyen betegséggel vagy gonddal mész Isten elé. Ezzel a vallomással: "Uram, hiszek!", mely a szíved mélyéről jön, és feltéve, hogy a tetteid is a hitedről tanúskodnak, az Úr, aki egy vak embert is képes volt meggyógyítani a vakságból, téged is meg fog gyógyítani, a lehetetlenből lehetségest alakít, és minden problémádat megoldja majd az életben.

*"Az orvosok azt mondták,
hamarosan megvakulok...
a dolgok elfakultak lassan...*

*Köszönöm, Uram,
hogy megadtad nekem a fényt...*

Vártam már Rád..."

Ricardo Morales, Hondurasz lelkésze,
aki majdnem megvakult
egy baleset után, de
a látása visszatért

A Manmin Központi Templomban egy vak ember szeme meggyógyul

Az alapítás óta, mely 1982-ben történt, a Manmin templom nagyban dicsőítette Istent úgy, hogy a vakok szeme kinyílt, olyanoké is, akik vakon születtek. Soknak, akik szemüvegesek vagy kontaktlencsések voltak, a látása megjavult. Számtalan rendkívüli tanúságtétel között nézzünk egy pár példát.

Amikor 2002 júliusban Hondurasban egy nagy evangelizációs missziót vezettem, volt ott egy tizenkét eves kislány, Mária, akinek a jobb szeme látása károsodott kétéves korában, egy lázas állapottól. A szülei minden próbálkozása kudarcot vallott, hogy a kislány látását helyrehozzák. Még a szaruhártya transzplantációt is megpróbálták, de az sem működött. A következő évtizedben, a transzplantáció sikertelensége után Mária még a fényt sem látta a jobb szemével.

Aztán 2002-ben, Isten utáni komoly vágyakozással Mária eljött a missziónkra, ahol meghallgatta az imámat, majd hamarosan látta a fényt a jobb szemével, mígnem a látása teljesen helyre nem jött. Az idegszálak a jobb szemében, amelyek teljesen lehaltak korábban, Isten segítségével újraalakultak. Mennyire csodálatos ez!

Számtalan ember ünnepelte ezt Hondurasban, mondva: "Isten valóban él, és még ma is megmutatja a munkáját!"

Ricardo Morales lelkész majdnem megvakult, de teljesen meggyógyult a Muan-i édesvíztől. A hondurasi misszió előtt hét évvel Ricardo lelkész egy tragikus balesetet szenvedett, amelyben a retinája kritikusan megsérült, és súlyos vérzést kapott. Az orvosok azt mondták neki, hogy fokozatosan el fogja veszíteni a látását, és végül megvakul majd. Azonban a 2002-es hondurasi templomi vezetők konferenciájának első napján meggyógyult. Miután meghallotta Isten szavát, hittel beborogatta a szemét a muani édesvízzel, és nagy csodálatára a tárgyakat perceken belül tisztábban kezdte látni. Először, mivel semmi ilyenre nem számított, Ricardo lelkész nem is hitte el, ami történt. Aznap este, szemüveggel a szemén, a lelkész eljött az esemény nyitóestélyére. Aztán hirtelen a lencse kijött a szemüvegéből, és meghallotta a Szentlélek hangját: "Ha nem veszed le a szemüveged most, megvakulsz." Ekkor a lelkész levette a szemüvegét, és rájött, hogy mindent világosan lát. A látása helyreállt, mire a lelkész Istent dicsőítette, lelkesen.

Kenyában, a Nairobi Manmin egyházban egy fiatal férfi, akit Kombónak hívtak, meglátogatta a szülővárosát, amely kb. 400 kilométerre (250 mérföldre) van a templomtól. A látogatás alatt az evangéliumot terjesztette, és elmesélte a családjának Isten csodálatos munkáját, amely megnyilvánult a Manmin Központi Templomban, Szöulban. Azon a zsebkendőn imádkozott értük, amely fölött én imádkoztam korábban. Kombo egy naptárt is adott a családjának, amelyet a templomunk adott ki.

Miután meghallotta az unokáját, hogy az evangéliumot terjeszti, Kombo nagyanyja, aki vak volt, komolyan ezt gondolta magában: "Én is szeretnék egy fényképet látni, amelyen Dr. Jaerock Lee látható", amint a naptárt mindkét kezével tartotta. Ami ez után következett, az valóban csodás volt. Amint a naptárt kibontotta, a szemei kinyíltak, és láthatta a fényképet. Halleluja! Kombo családja első kézből megtapasztalta azt, amikor Isten hatalma meggyógyítja a vakokat, és elkezdtek hinni az élő Istenben. Amikor ennek a történésnek a híre elterjedt a faluban, az emberek azt kérték, hogy egy altemplomot építsünk az ő falujukban is.

Mivel a hatalom munkái a teljes világon megnyilvánultak, ma már Manmin-templomok ezrei állnak szerte a világban, és a szentség evangéliumát a világ minden táján terjesztik ezekben. Amikor elismered, és kezded elhinni Isten hatalmát, az Ő áldásainak örököse lehetsz te is.

Amint Jézus idejében is volt, ahelyett, hogy Istent közösen dicsőítették volna, ma is sokan elítélik, és a Szentlélek Ellen beszélnek. Rá kell jönnünk, hogy ez egy ijesztő bűn, amint Jézus a tudtunkra adja Máté evangéliumának 12, 31 – 32 verseiben: „Azt mondom azért néktek: Minden bűn és káromlás megbocsáttatik az embereknek; de a Lélek káromlása nem bocsáttatik meg az embereknek. Még a ki az ember Fia ellen szól, annak is megbocsáttatik; de a ki a Szent Lélek ellen szól, annak sem ezen, sem a más világon meg nem bocsáttatik."

Annak érdekében, hogy a Szentlélek munkáját ne ellenezzük, hanem megérezzük Isten munkájának nagyszerű hatalmát, el kell ismernünk őt, és vágyakoznunk kell a munkája után, mint az az ember, aki beteg volt János evangéliumának 9. versében. Annak megfelelően, amilyen mértékben az emberek felkészítették magukat edényekként, hogy hittel válaszokat kapjanak a kérdéseikre, lesznek, akik megtapasztalják Isten munkáját, és lesznek olyanok, is, akik nem.

Ahogy a 18, 25 – 26 Zsoltár üzeni: "És megfizetett nékem az Úr az én igazságom szerint; kezeim tisztasága szerint, a mi szemei előtt van. Az irgalmashoz irgalmas vagy: a tökéleteshez tökéletes vagy."

A kedvessel kedves vagy, a hibátlannal hibátlanul viselkedsz, a tisztességtelennel ügyesen viszonyulsz. Azt kívánom, hogy mindannyian, azzal, hogy Istenben hisztek, aki mindenkit annak megfelelően ítél meg, hogy mit cselekedett a hitben, az Ő áldásainak örökösei legyetek, a mi Urunk, a Jézus Krisztus nevében imádkozom ezért!

Hetedik Üzenet
Az emberek felállnak, lépnek és járnak majd

Márk evangéliuma 2, 3 - 12

És jövének hozzá egy gutaütöttet hozva,
a kit négyen emelnek vala.
És mivel a sokaság miatt nem férkőzhettek azzal ő hozzá,
megbonták ama háznak fedelét, a hol Ő vala, és rést törvén,
leereszték a nyoszolyát, a melyben a gutaütött feküdt.
Jézus pedig azoknak hitét látván, monda a gutaütöttnek:
Fiam, megbocsáttattak néked a te bűneid.
Valának pedig ott némely írástudók,
a kik ott ülnek vala, szívökben így okoskodván:
Mi dolog, hogy ez ilyen káromlásokat szól?
ki bocsáthatja meg a bűnöket, hanemha egyedül az Isten?
És Jézus azonnal észrevevé az ő lelkével,
hogy azok magukban így okoskodnak,
és monda nékik:
Miért gondoljátok ezeket a ti szívetekben?
Mi könnyebb, azt mondanom-é a gutaütöttnek:
Megbocsáttattak néked a te bűneid,
vagy ezt mondanom:
Kelj fel, vedd fel a te nyoszolyádat, és járj?
Hogy pedig megtudjátok,
hogy az ember Fiának
van hatalma e földön a bűnöket megbocsátani,
monda a gutaütöttnek:
Mondom néked, kelj föl,
vedd fel a te nyoszolyádat, és eredj haza.
Az pedig azonnal fölkele és felvévén nyoszolyáját,
kiméne mindenkinek láttára;
úgy hogy mindenki elálmélkodék,
és dicsőíté az Istent, ezt mondván:
Soha sem láttunk ilyet!

A Biblia azt üzeni, hogy Jézus ideje alatt sokan, akik bénák és sánták voltak, teljesen meggyógyultak, és Istent nagy mértékben dicsőítették. Amint Isten megígéri nekünk Ézsaiás könyvének 35, 6 versében: "Akkor ugrándoz, mint szarvas a sánta, és ujjong a néma nyelve, mert a pusztában víz fakad, és patakok a kietlenben," és Ézsaiás könyvének 49, 8 versében újra: "Jókedvem idején én meghallgattalak, és a szabadulás napján segítettelek; megtartlak és nép szövetségévé teszlek, hogy megépítsd a földet, és kioszd az elpusztult örökségeket" – Isten nem csak megválaszolja a kérdéseinket, hanem az üdvösségre is elvezet bennünket.

Erről állandóan tanúbizonyságot hallunk a Manmin Központi Templomban, ahol Isten csodálatos hatalmának munkái nyomán számtalan beteg ember járni kezd, feláll a tolókocsiból, és eldobja a mankóit.

Milyen hite volt a béna embernek, aki Márk evangéliumának 2. részében Jézus elé járult, üdvözült, és a válaszok áldását is megkapta? Azért imádkozom, hogy azok közületek, akik jelenleg nem tudtok járni valamilyen betegség miatt, álljatok fel, járjatok, és újra szaladjatok.

A béna ember meghallja Jézus hírét

Márk evangéliumának 2. részében van egy részletes leírás egy béna emberről, aki Jézustól gyógyulást kapott, amikor Kapernaumban járt. Abban a városban lakott egy nagyon szegény béna ember, aki mások segítsége nélkül nem tudott felülni, és csak azért volt még életben, mert nem tudott meghalni. Azonban meghallotta Jézus hírét, aki felnyitotta a vakok szemét, felállította a sántákat, elűzte a gonosz szellemeket, és számos betegségből kigyógyította az embereket. Mivel az embernek jó szíve volt, amikor meghallotta Jézus érkezésének hírét, komolyan és őszintén azt kívánta, hogy láthassa Őt.

Egy napon ez az ember meghallotta, hogy Jézus Kapernaumba érkezett. Mennyire lelkes és boldog lehetett, amint Őt várta! Azonban, mivel nem tudott önállóan mozogni, valószínű, hogy a barátai segítségét kérte, hogy elvigyék Jézushoz. Szerencsére, mivel a barátai is ismerték Jézust, beleegyeztek, hogy segítenek neki.

A béna ember és a barátai Jézus elé mennek

A béna ember és a barátai megérkeztek abba a házba, amelyben Jézus imádkozott, azonban –mivel nagy tömeg volt ott, nem találtak helyet az ajtó mellett, így nem tudtak bemenni. A körülmények nem tették lehetővé a béna ember és barátai részére, hogy Jézus elé mehessenek. Biztosan könyörögtek a tömegnek: "Kérem, menjenek arrébb! Van velünk egy nagyon beteg ember!" Azonban, a tömeg túl nagy volt a házban és annak környékén. Ha ennek az embernek és a barátainak nem lett volna elég hite, hazamentek volna anélkül, hogy Jézussal találkoztak volna.

Azonban, nem adták fel a harcot, hanem még több hitet mutattak. Miután azon tűnődtek, hogyan találkozhatnak Jézussal, utolsó ötletként felmentek a tetőre, és lyukat vájtak arra. Mivel nagyon eltökéltek voltak abban, hogy Jézussal találkozniuk kell, annak árán is cselekedtek, hogy a házigazdát magukra haragíthatják, és később bocsánatot kell kérniük a tető tönkre tételéért.

A hitet cselekedetek követik, és a hit cselekedetei csak akkor vihetők végbe, ha alázatos szívvel lealacsonyítod magad. Mondtad már valaha magadnak: "Bár nagyon szeretnék menni, a fizikai állapotom nem engedi meg, hogy templomba mehessek"? Ha a béna ember nem vallotta volna ezt százszor is: "Uram, azt hiszem, tudod, hogy nem tudok jönni Veled találkozni, mert béna vagyok. Azt is elhiszem, hogy meg fogsz gyógyítani, még itt az ágyban fekve is," nem lehetett volna elmondani róla, hogy kimutatta volna a hitét.

Függetlenül attól, hogy mibe került neki, a béna ember ment, hogy Jézussal találkozhasson. Hite volt, és meggyőződése, hogy meg fog gyógyulni, amikor Jézussal találkozik, ezért megkérte a barátait, hogy vigyék őt Jézus elébe. Továbbá, mivel a barátainak is volt hite, tudtak segíteni a béna barátjukon, még úgy is, hogy lukat vágtak egy ismeretlen ember házának tetejére.

Ha hiszel abban, hogy Isten előtt meggyógyulsz, az Elé járulásod a hited bizonyítéka. Ezért, a beteg ember barátai leengedték őt egy szőnyegen Jézus elé, hogy meggyógyulhasson. Abban az időben a tetők laposak voltak Jeruzsálemben, és a ház falán volt egy létra, amelyen fel lehetett menni a tetőre. Továbbá a tető cserepeit könnyű volt eltávolítani. Ezek a körülmények megkönnyítették a béna ember számára azt, hogy Jézus elé menjen.

Ha megoldottuk a bűn problematikáját, válaszokat kaphatunk

Márk evangéliumának 2, 5 versében azt látjuk, hogy Jézus elragadtatott állapotban van, amikor a béna ember hitének bizonyítékát megtapasztalja. Mielőtt meggyógyította a béna embert, miért mondta ezt neki: "Fiam, a bűneid megbocsáttattak"? Azért, mert a bűnök bocsánata meg kell hogy előzze a gyógyulást.

Az Exodus 15, 26-ban Isten ezt mondja nekünk: "Ha a te Uradnak Istenednek szavára hűségesen hallgatsz és azt cselekeszed, a mi kedves az ő szemei előtt és figyelmezel az ő parancsolataira és megtartod minden rendelését: egyet sem bocsátok reád ama betegségek közül, a melyeket Égyiptomra bocsátottam, mert én vagyok az Úr, a te gyógyítód. " Itt, "azon betegségek, amelyeket Egyiptomra bocsájtottam" az összes, ember által ismert betegségre vonatkozik. Ha engedelmeskedünk az Ő parancsainak, és a Szava szerint élünk, Isten meg fog védeni bennünket, hogy egyetlen betegség se tudjon megtámadni bennünket. Továbbá, Mózes ötödik könyvének 28. versében Isten megígéri nekünk, hogy ha a Szavai szerint élünk, egyetlen betegség se kerül be a szervezetünkbe. János evangéliumának 5. versében, miután meggyógyít egy embert, aki harmincnyolc éve beteg volt, Jézus ezt mondja neki: "Soha többé ne bűnözz, hogy ne történhessen veled valami rosszabb" (14. vers).

Mivel az összes betegség forrása a bűn, mielőtt meggyógyította volna a béna embert, először megbocsájtotta neki az elkövetett bűneit. Azonban nem minden esetben jelentett gyógyulást az, hogy valaki Jézus elé ment. Annak érdekében, hogy meggyógyuljunk, meg kell vallanunk a bűneinket, és el kell fordulnunk tőlük. Ha bűnöző voltál, bűntelenné kell válnod, ha hazug voltál, abba kell hagynod a hazugságokat, ha másokat gyűlöltél, abba kell hagynod ezt a gyűlöletet. Csak azoknak bocsájt meg Isten, akik betartják az Igét. Sőt, ha azt vallod: "Hiszek", még ekkor sem garantált a megbocsájtásod. Amikor kijövünk a fényre, az Urunk vére természetesen mindannyiunkat megtisztít az összes bűneinktől (János első levele 1, 7).

A béna ember Isten hatalmából jár

Márk evangéliumának 2. részében azt látjuk, hogy a bűnök bocsánata után a béna ember felállt, felvette a szőnyegét, és mindenki szeme láttára kisétált. Amikor Jézushoz ment, egy szőnyegen feküdt. Azonnal meggyógyult azonban, amikor Jézus ezt mondta neki: "Fiam, a bűneid megbocsáttattak" (5. vers). Ahelyett, hogy a gyógyulásán örvendeztek volna, a törvény tanítói buzgón veszekedtek. Amikor Jézus ezt mondta az embernek: "Fiam, a bűneid megbocsáttattak", ezt gondolták magukban: "Mi dolog, hogy ez ilyen káromlásokat szól? ki bocsáthatja meg a bűnöket, hanemha egyedül az Isten?"(7. vers)

Aztán Jézus ezt mondta nekik: "Miért gondolkodtok ezeken a dolgokon a szívetekben? Mi a könnyebb: ezt mondani a béna embernek: "A bűneid megbocsáttattak", vagy ezt mondani: "Állj fel, vedd fel a pokrócod, és járj"? Csak hogy tudd: az Ember Fiának megvan a tekintélye, hogy a földön megbocsássa a bűnöket" (8 – 10. versek). Miután felvilágosította őket Isten gondviselésével kapcsolatban, amikor Jézus ezt mondta a béna embernek: "Mondom neked, állj fel, vedd fel a pokrócod, és menj haza" (11. vers), az ember azonnal felállt, és járt. Más szóval, a béna embernek a bűnei megbocsáttattak, és Isten Jézus minden szavát garantálta. Az is evidencia, hogy a mindenható Isten garanciát ad számunkra arról, hogy Jézus az emberiség Megmentője.

Esetek, amikor emberek felálltak, léptek és jártak

János evangéliumának 14, 11 versében Jézus ezt mondja nekünk: "Higyjetek nékem, hogy én az Atyában vagyok, és az Atya én bennem van; ha pedig nem, magokért a cselekedetekért higyjetek nékem." Ezért, el kell hinnünk, hogy Isten Atyánk és Jézus egy és ugyanaz, mivel szemtanúi voltunk annak, hogy a béna ember, aki Jézus elé ment, megbocsáttatott, felállt, járt, és Jézus parancsára gyalogolt.

A következőkben János evangéliumának 14, 12 versében Jézus ezt mondja nekünk: "Bizony, bizony mondom néktek: A ki hisz én bennem, az is cselekszi majd azokat a cselekedeteket, a melyeket én cselekeszem; és nagyobbakat is cselekszik azoknál; mert én az én Atyámhoz megyek." Mivel száz százalékban hittem Isten szavában, miután Isten elhívott az Ő szolgálójának, számtalan napig imádkoztam és böjtöltem, hogy megkapjam az Ő hatalmát. Következésképpen számos olyan tanúságtétel létezik a Manmin közösség megalapítása óta, amelyek arról szólnak, hogy az olyan betegségek, amelyek nem gyógyultak meg az orvosok által, meggyógyultak ily módon.

Amikor a templomunk megpróbáltatásokon vagy

áldásokon ment át, a betegek gyógyulási ideje mindig felgyorsult, és egyre kritikusabb betegségek gyógyultak meg. Az 1993-tól 2004-ig tartott eves kéthetes speciális újjáéledési összejövetelek és világmissziók által a világon számos országban rengeteg ember megtapasztalta Isten csodálatos halmát.

Nézzünk néhány példát arról, amikor az emberek felálltak, lépkedtek és jártak.

Felállás, kilenc évi tolószék után

Az első példa Yoonsup Kim diakónusról szól. 1990 májusban leesett olyan magasról, mint egy ötemeletes épület, mialatt elektronikai munkát végzett a Taedok Tudományvárosban, Dél-Koreában. Ez az előtt történt, mielőtt Kim Istenhívővé vált volna.

Az esés után közvetlenül a Sun Kórházba vitték Yoosung, Choongnam provinciába, ahol hat hónapig kómában feküdt. Miután felébredt a kómából, a tizenegyedik és tizenkettedik mellkasi csigolyájában érzett fájdalom és nyomás, valamint a negyedik és ötödik gerinccsigolyájában érzett fájdalom és nyomás

*"A merev lábaim és derekam...
a merev szívem...*

*Nem tudtam lefeküdni,
és nem tudtam járni...
kiben bízhatok?*

*Ki fog elfogadni engem?
Hogyan fogok élni?"*

Yoonsup Kim diakónus,
a háttámaszával és a tolószékében

*"Alleluja!
Isten él!
Látjátok, ahogy járok?"*

Kim diakónus örül, más Manmin tagokkal együtt, miután meggyógyult Dr. Jaerock Lee imájától

elviselhetetlen volt. Az orvosok a kórházban azt mondták neki, hogy az állapota kritikus volt. Néhányszor más kórházakba is elvitték, azonban az állapotában nem állt be változás. A mozgásképtelensége miatt elsődleges rokkant besorolást kapott. A derekán állandóan övet kellett viselnie, a gerince miatt. Sőt, mivel nem tudott lefeküdni sem, állva kellett aludnia.

Ez alatt a nehéz idő alatt Kim megkeresztelkedett, és eljött a Manmin templomba, ahol elkezdte a Krisztusban töltött életét. Amikor 1998 novemberében részt vet egy speciális összejövetelen, az isteni gyógyulás témában, Kimnek hihetetlen élményben volt része: a gyűlés előtt nem tudott egyedül lefeküdni, vagy egyedül elmenni a mellékhelyiségbe. Miután meghallgatta az imámat, kiszállt a tolószékéből, és a botjaival járni kezdett.

Annak érdekében, hogy teljesen meggyógyuljon, Kim diakónus hűségesen eljárt az összes istentiszteletre, és állandóan imádkozott. Ezen kívül, komolyan készülve az 1999 májusi, hetedik és kéthetes újjászületési összejövetelünkre, huszonegy napig böjtölt. Amikor a pulpitusról a betegekért imádkoztam a gyűlés első ülésén, Kim diakónus azt érezte, hogy egy erős fénysugár ragyog rá, és egy olyan látomást látott maga előtt, amelyben szaladt.

Az összejövetel második hetén, amikor ráhelyeztem a kezem, és érte imádkoztam, azt érezte, hogy a teste megkönnyebbül. Amikor a Szentlélek tüze leszállt a lábaira, olyan erőt kapott, amelyet korábban nem érzett. Eldobta a gerincét tartó támasztékot, a botjait, nehézség nélkül járt, és szabadon mozgatta a derekát.

Isten hatalmából Kim diakónus úgy járt, mint bárki más a földön. Még biciklizni is tud, és szorgalmasan szolgál a templomban. Nemrég megnősült, és igazán boldog életet él.

Feláll a tolószékből, miután zsebkendő-imában részesül

A Manmin templomban látványos események és rendkívüli csodák történnek, olyanok, amilyeneket a Bibliában találunk, amelyek által Isten még további dicsőséget kap. Ezek között a csodák között van az is, amikor Isten hatalma megnyilvánul a zsebkendők által.

Az apostolok cselekedeteinek 19, 11 – 12 verseiben ezt találjuk: "És nem közönséges csodákat cselekszik vala az Isten Pál keze által: Annyira, hogy a betegekhez is elvivék az ő testéről a keszkenőket, vagy kötényeket, és eltávozának azoktól a betegségek, és a gonosz lelkek kimenének belőlök." Hasonlóan, amikor az emberek elviszik a betegekhez azokat a zsebkendőket vagy tárgyakat, amelyek fölött imádkoztam, csodálatos gyógyulás történik ilyenkor. Ennek eredményeképpen számtalan országból, rengeteg ember kért, hogy az ő vidékükön is rendezzünk zsebkendőmissziókat. Az afrikai, fülöp-szigeteki, hondurasi, indonéziai, japán, kínai, orosz emberek számos csodát tapasztalnak meg.

2001 áprilisában a Manmin templom egyik lelkésze egy zsebkendő-missziót vezetett Indonéziában, ahol számos ember meggyógyult, és az élő Istent dicsőítette. Ezek között volt egy korábbi állami kormányzó, aki tolószékes volt. Amikor a zsebkendő-ima által meggyógyult, nagy híradótörténet lett belőle.

2003 májusban a Manmin egy másik lelkésze zsebkendőmisszión volt Kínában, ahol – számos gyógyulás mellett – egy ember, aki harmincnégy éve bottal járt, elkezdett egyedül járni megint.

Ganesh eldobja a mankóit a 2002-es Csodás Gyógyulások Imafesztiválon, Indiában

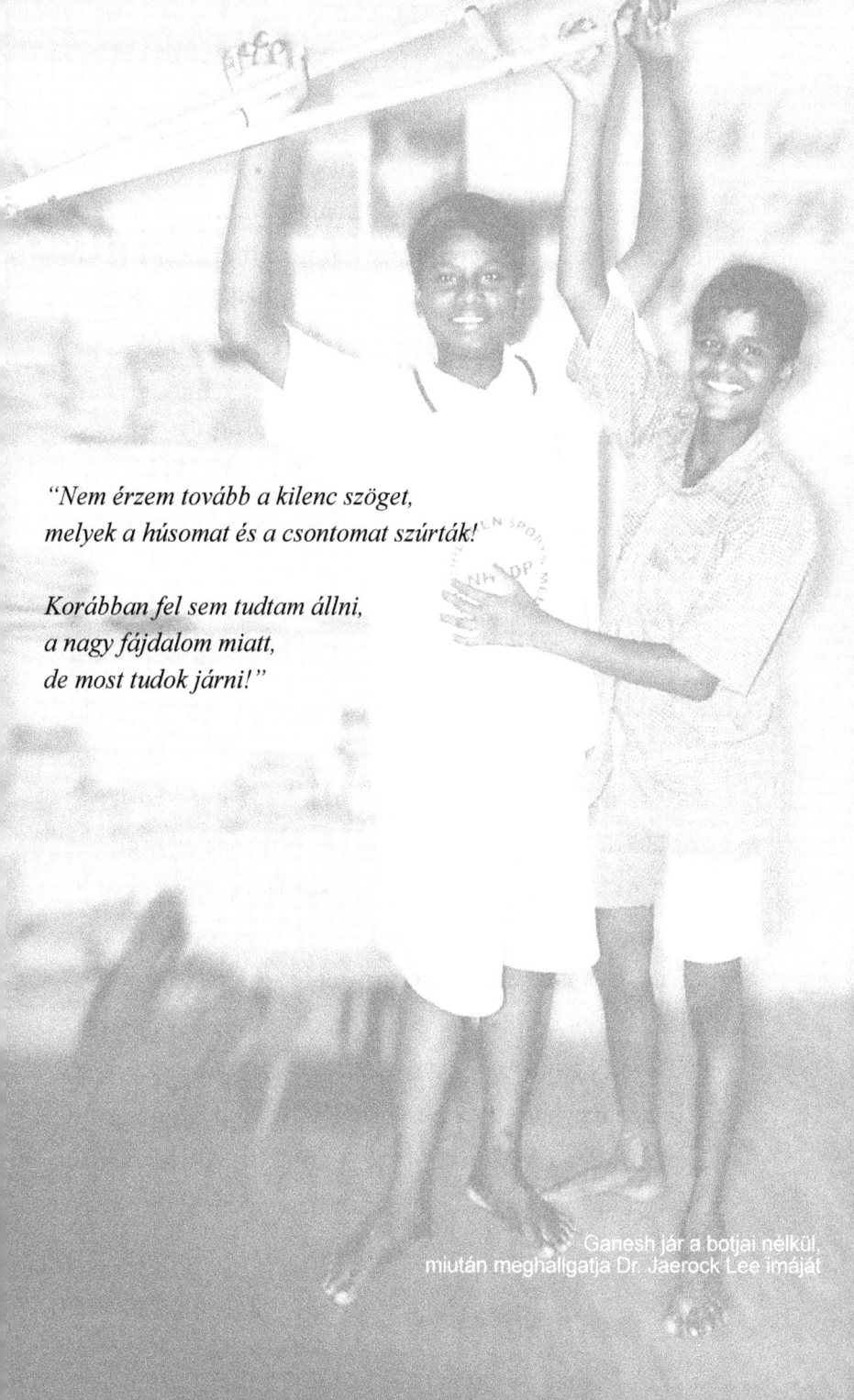

*"Nem érzem tovább a kilenc szöget,
melyek a húsomat és a csontomat szúrták!*

*Korábban fel sem tudtam állni,
a nagy fájdalom miatt,
de most tudok járni!"*

Ganesh jár a botjai nélkül, miután meghallgatja Dr. Jaerock Lee imáját

A 2002-es csodás gyógyulások imafesztiválján, Indiában, ami a Marina Tengerparton, Chennaiban zajlott, a túlnyomóan hindu Indiában, több, mint három millió ember gyűlt össze, és megtapasztalta első kézből Isten hatalmának valóban csodálatos munkáját, és számos ember közülük áttért a keresztény hitre. Ez előtt a misszió előtt a merev csontok nehezebben lazultak el, és a halott idegek nehezebben éledtek újra. Az India-misszió után a gyógyulás munkája legyőzte az emberi test rendjét.

Azok között, akik meggyógyultak, volt egy tizenhat eves fiú, akit Ganesh-nak hívtak. Leesett a biciklijéről, és megütötte a medencéjét a jobb oldalon. Mivel nehéz anyagi körülmények között élt, nem kaphatta meg a megfelelő kezelést. Egy év elteltével egy daganat képződött a csontjában, és a medencéjének a jobb részét el kellett távolítani. Az orvosok a combcsontjára egy vékony fémlemezt tettek, valamint a medencéje megmaradt csontjait is, és a lemezt kilenc szöggel rögzítették. A szögek miatt rendkívüli fájdalomban élt, és nem tudott a mankói nélkül le vagy felmenni egy lépcsőn.

Amikor meghallotta a misszió hírét, Ganesh eljött rá, és megtapasztalta a Szentlélek tüzes munkáját. A négynapos misszió második napján, amikor a betegekért szóló imát

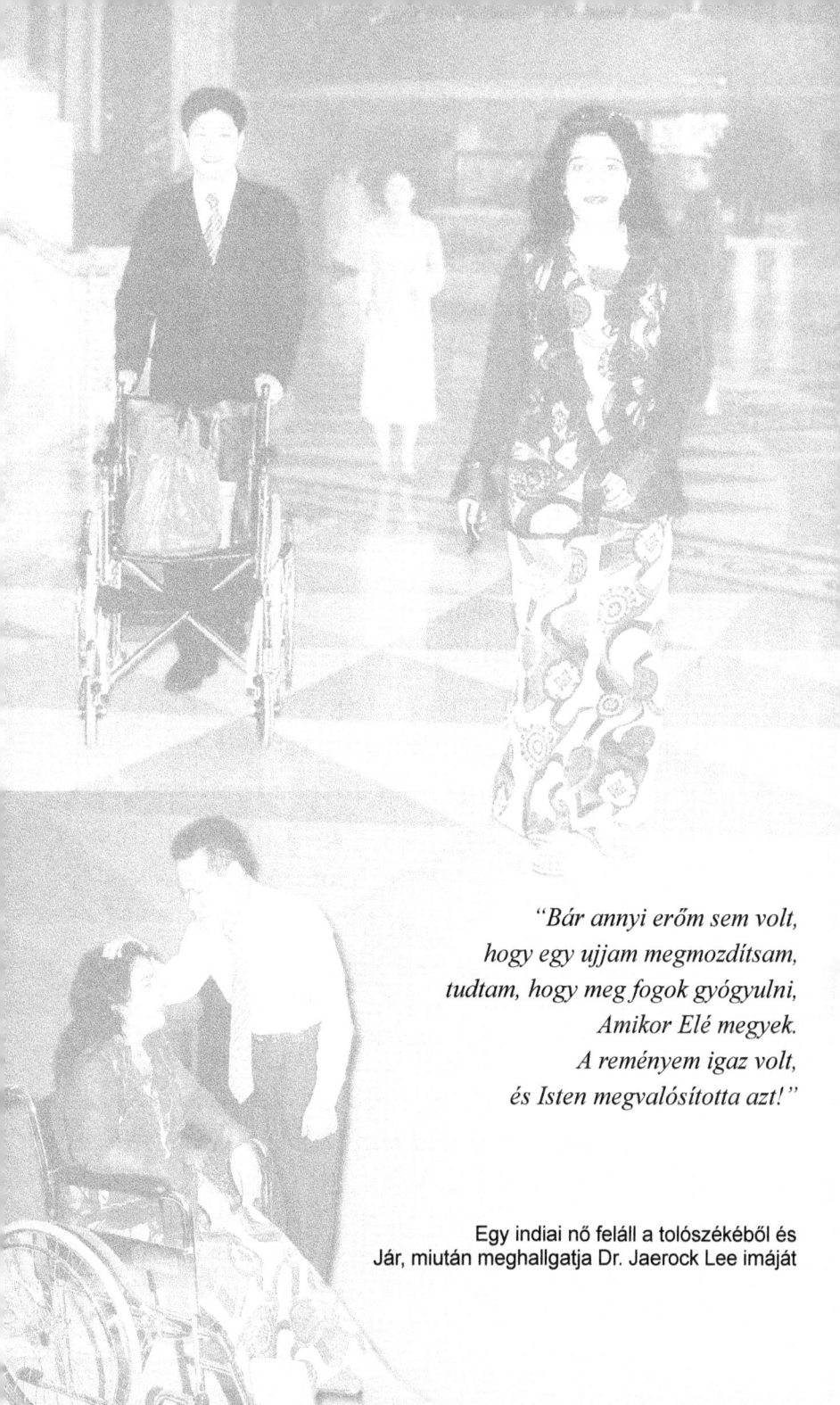

*"Bár annyi erőm sem volt,
hogy egy ujjam megmozdítsam,
tudtam, hogy meg fogok gyógyulni,
Amikor Elé megyek.
A reményem igaz volt,
és Isten megvalósította azt!"*

Egy indiai nő feláll a tolószékéből és
Jár, miután meghallgatja Dr. Jaerock Lee imáját

meghallgatta, azt érezte, hogy a teste felmelegedik, mintha forró vízben lenne, és többé nem érzett testi fájdalmat. Azonnal felment e színpadra, és tanúságot tett a gyógyulásáról. Azóta sehol a testében nem érez fájdalmat, nem használ mankókat, és szabadon jár és szalad.

Egy nő föláll a tolószékéből Dubaiban

2003 áprilisban, amikor Dubaiban voltam, az Egyesült Arab Emirátusokban, egy indián születésű nő felállt a tolószékéből, amint az imámat mag hallotta. Ez a hölgy egy intelligens nő volt, aki korábban az Egyesült Államokban tanult. Személyes gondjai miatt mentális sokktól szenvedett, és emellett egy korábbi baleset következményeitől, és az ebből származó komplikációtól is szenvedett.

Amikor először láttam ezt a nőt, nem tudott járni, nem volt ereje a beszédhez, és nem tudta felemelni a leejtett szemüvegét sem. Azt is elmondta, hogy túl gyenge volt ahhoz, hogy írjon, vagy egy pohár vizet felemeljen. Amikor mások megérintették, rettenetes fájdalmat érzett. Az ima után azonban a nő azonnal felállt a tolószékből. Én is nagyon csodálkoztam ezen a nőn, aki korábban nem tudott beszélni sem, mivel most képes volt összeszedni a dolgait, és kiment a teremből.

Jeremiás könyvének 29, 11 verse ezt tartalmazza: "Mert én tudom az én gondolatimat, a melyeket én felőletek gondolok, azt mondja az Úr; békességnek és nem háborúságnak gondolata, hogy kívánatos véget adjak néktek." Az Atya Istenünk annyira szeretett minket, hogy odaadta az Egyetlen Fiát értünk, akit feláldozott.

Ezért, ha a fizikai korlátaid miatt nyomorúságos életet éltél, az Atya Istenbe vetett hit által megvan a reményed a boldog és egészséges életre. Ő nem szeretné, ha egyetlen gyermeke is megpróbáltatásnak és nyomorúságnak lenne kitéve.

Márk evangéliumának második részében van egy béna ember, aki által megtudhattad, hogyan kaphatsz válaszokat a szíved vágyára, milyen módszerekkel és milyen utakon. Azt kívánom, hogy mindannyian készítsetek elő egy hitedényt, és mindent kapjatok meg, amit kértek, a mi Urunk Jézus Krisztus nevében imádkozom ezért!

Nyolcadik Üzenet
Az emberek örülni, táncolni és énekelni fognak

Márk evangéliuma 7, 31 - 37

*Aztán ismét
kimenvén Tírus és Sídon határaiból,
a galileai tengerhez méne,
a Tízváros határain át.
És hozának néki egy nehezen szóló siketet,
és kérik vala őt, hogy vesse reá kezét.
Ő pedig, mikor kivitte vala
azt a sokaság közül egy magát,
az újjait annak fülébe bocsátá,
és köpvén illeté annak nyelvét,
És föltekintvén az égre,
fohászkodék, és monda néki:
Effata, azaz: nyilatkozzál meg.
És azonnal megnyilatkozának annak fülei:
és nyelvének kötele megoldódék,
és helyesen beszél vala.
És megparancsolá nékik,
hogy senkinek se mondják el;
de mennél inkább tiltja vala,
annál inkább híresztelék.
És szerfelett álmélkodnak vala, ezt mondván:
Mindent jól cselekedett;
a siketeket is hallókká teszi,
a némákat is beszélőkké.*

Máté evangéliumának 4, 23 – 24 versében a következőket találjuk:

És bejárá Jézus az egész Galileát, tanítva azok zsinagógáiban, és hirdetve az Isten országának evangyéliomát, és gyógyítva a nép között minden betegséget és minden erőtlenséget. És elterjede az ő híre egész Siriában: és hozzávivék mindazokat, a kik rosszul valának, a különféle betegségekben és kínokban sínlődőket, ördöngösöket, holdkórosokat és gutaütötteket; és meggyógyítja vala őket.

Jézus nem csak Isten szavát és a királyság jó hírét terjesztette, hanem számos embert is meggyógyított, akik sokféle betegségben szenvedtek. Azzal, hogy olyan betegségeket gyógyított meg, amelyhez az emberi hatalom elégtelen volt, az Által terjesztett szó mélyen bevésődött az emberek szívébe, és a hitük és Jézus által elkerülhettek a mennyországba.

Jézus meggyógyít egy süket és egy néma embert

Márk evangéliumának 7. részében van egy történet arról az időről, amikor Jézus Tyre-ből Szidonba utazott, majd onnan a Galileai tenger régiójába, majd a Dekapolisz vidékére, ahol meggyógyított egy süket és egy néma embert. Ha valaki "alig tudott beszélni", az azt jelentette, hogy dadogott, és nem volt ékesszóló egyáltalán. Ez az ember valószínűleg megtanult beszélni gyerekkorában, de később süket lett, és "alig tudott beszélni."

Nagyjából, egy "süketnéma" az, aki nem tanulta meg a nyelvet és a beszédet a süketsége miatt, míg a "bradiakúzia" a hallás nehézségére utal. Több módon lehet valaki süketnéma. Az első ok az örökletes. A második esetben – ha az anya bárányhimlőt kap a terhessége alatt, vagy ártalmas gyógyszert szed be a terhesség alatt – a gyermek szintén süketnéma less. A harmadik ok: ha a gyerek három- vagy négyéves korban agyhártyagyulladást kap, amikor a beszédet tanulja, szintén süketnémává válhat. A "bradiakúzia" esetében, ha a dobhártya kiszakad, a hallást segítő eszközök segíthetnek a problémán. Ha a hallóidegben magában van gond, semmilyen ilyen eszköz nem segíthet. Más esetekben, például ha valaki nagyon hangos körülmények között dolgozik, vagy a hallásgyengülés a kor miatt áll be, egyáltalán nincs lehetőség a jelentős javulásra.

Ráadásul valaki akkor is süketnémává válhat, ha egy démon megszállja. Ebben az esetben, ha egy spirituális tekintéllyel bíró egyén kiűzi a démonokat, az egyén azonnal fog hallani és beszélni. Márk evangéliumának 9, 25 – 27 verseiben Jézus megfedd egy gonosz szellemet, amely egy néma fiúban élt: "Te néma és siket lélek, én parancsolom néked, menj ki belőle, és többé belé ne menj!" (25. vers), mire a gonosz szellem elhagyta a fiú testét, és a fiú azonnal jobban lett.

Hidd el: amikor Istendolgozik, nincs olyan betegség vagy probléma, amely gondot okozhat neked. Ezért találjuk Jeremiás könyvének 32, 27 versében a következőket: "Ímé, én az Úr, Istene vagyok minden testnek, vajjon van- é valami lehetetlen nékem?" A 100, 3-as zsoltár arra biztat bennünket, hogy: "Tudjátok meg, hogy az Úr az Isten; ő alkotott minket és nem magunk; az ő népe és az ő legelőinek juhai vagyunk." A 94, 9 zsoltár erre emlékeztet bennünket: "Aki a fület plántálta, avagy nem hall-é? És a ki a szemet formálta, avagy nem lát-é?" Amikor hiszünk a Mindenható Atya Istenben, aki a szemünket és fülünket megalkotta, és szívünk legmélyéről hiszünk Benne, bármi lehetséges. Ezért Jézusnak, aki hús-vér emberként jött a földre, minden lehetséges volt. Ahogy Márk evangéliumának 7. részében találjuk, amikor Jézus meggyógyította a süket és a néma embert, az ember fülei kinyíltak, és a beszéde koherenssé vált.

Ha nem csak Jézus Krisztusban hiszünk, hanem érett hittel kérjük Isten hatalmát is, még ma is megtörténhet az a munka, ami a Bibliában megtalálható. Erről A zsidókhoz írt levél 13, 8 verse ezt üzeni nekünk: "Jézus Krisztus tegnap és ma és örökké ugyanaz," míg Az efezusiakhoz írt levél 4, 13 verse erre emlékeztet bennünket: "Míg eljutunk mindnyájan az Isten Fiában való hitnek és az Ő megismerésének egységére, érett férfiúságra, a Krisztus teljességével ékeskedő kornak mértékére."

Azonban a testrészek degenerálódása vagy a süketség és némaság mint az idegsejtek elhalásának eredménye nem gyógyíthatóak a gyógyítás képességével és ajándékával. Csak ha egy személy – aki Jézus Krisztus teljességét elérte –

Egy hálaadó ének azoktól az emberektől, akik meggyógyultak a süketségükből

"Az élettel,
Amit nekünk adtál,
a földön járni fogunk,
és Utánad vágyakozunk.

A lelkem, mely tiszta, mint a kristály,
Eléd jön."

Napshim Park diakonissza Istent dicsőíti,
Miután kigyógyult az 55 éve tartó süketségéből

megkapja Istentől a hatalmat és tekintélyt, és isten akaratának megfelelően él, csak ekkor érhető el a gyógyulás.

Esetek, amikor a Manmin templomban Isten meggyógyította a süketséget

Számos olyan esetet megtapasztaltam, amikor a bradikúzia meggyógyult, és azt is, hogy valaki, aki születésétől kezdve süket volt, először hallott életében. Van két olyan ember, aki először életében ötvenöt és ötvenhét évesen hallott.

2000 szeptemberben, amikor Nagoyában, Japánban megtartottam a Csodás Gyógyulások missziót, tizenhárom ember, akik korábban hallási nehézségekkel küzdöttek, azonnal meggyógyult, amint az imámat meghallgatta. Ez a hír visszajutott számos olyan emberhez Koreában, aki szintén gyengén hallott, mire sokan eljöttek közülük a kilencedik kéthetes különleges újjáéledési összejövetelünkre, 2001 májusban, meggyógyultak, és nagyban dicsőítették Istent.

Közöttük volt egy harminchárom eves hölgy, aki

nyolcéves korától, amikor egy balesete volt, süketnéma volt. Miután a templomunkba hozták a 2001-es összejövetel előtt nem sokkal, felkészítette magát arra, hogy válaszokat fog kapni. A nő eljött a napi "Dániel ima-összejövetelre", és ahogy a múltbeli hibáira gondolt, feltépte a szívét. Miután komoly vággyal előkészítette a szívét az újjáéledési összejövetelre, eljött, és részt vet rajta. Az összejövetel utolsó részében, amiikor a süketnémákra helyeztem a kezem, hogy értük imádkozzak, a hölgy még nem érzett változást. Azonban nem keseredet el. Ehelyett vidáman végignézte azoknak a tanúságtételét, akik meggyógyultak, és még inkább elhitte, hogy ő is meggyógyulhat.

Isten ezt hitként értékelte, és röviddel az összejövetel után meggyógyította a hölgyet. Még az után is láttam Isten munkájának megnyilvánulását, miután az összejövetlenek vége lett. Sőt, a halláspróba, aminek alávetette később magát, azt igazolta, hogy mindkét füle meggyógyult. Alleluja!

A veleszületett süketség meggyógyul

Isten munkájának megnyilvánulása évről évre erőteljesebb lett. A 2002-es hondurasi csodás gyógyulás misszión számos olyan ember meggyógyult és beszélt, aki korábban süket és néma volt. Amikor a misszió biztonsági szolgálatának vezetője látta, hogy a lánya, aki születése óta süket volt, meggyógyult, nagyon lelkes és túláradóan hálás lett.

A nyolcéves Madeline Yaimin Bartres egyik füle rendellenesen nőtt, aminek a következtében fokozatosan elvesztette a hallását. Amikor meghallotta a misszió hírét, Madeline könyörgött az apjának, hogy vigye el őt is. A hálaadás alkalmával bőséges kegyelemben részesült, és miután meghallgatta az imámat a betegekért, világosan hallott. Mivel az apja hűségesen dolgozott a misszió javáért, Isten így megáldotta őt is.

A 2002-es indiai csodás gyógyulások imafesztiválon Jennifer lerakja a hallókészülékét

Bár nem tudtuk lejegyezni az összes csodás gyógyulást történetét az indiai misszió alatt és után, a tudtunkra jutott

Jennifer kigyógyult a veleszületett süketségből, valamint az orvosi jelentése

CHURCH OF SOUTH INDIA
MADRAS DIOCESE
C. S. I. KALYANI MULTI SPECIALITY HOSPITAL
15, Dr. Radhakrishnan Salai, Chennai-600 004. (South India)

Ref. No. _____ Date: 15/10/02

To whom it may concern:

Miss Jennifer aged 5 yrs has been examined by me at CSI Kalyani hospital for her hearing.

After interacting with the child and observing her and after examining the child, I have come to the conclusion that Jennifer has definitely good hearing improvement now than before she was prayed for. Her mother's observation of her child is far more important and the mother has definitely noticed marked improvement in her child's hearing ability. Jennifer hears much better without the hearing aid, responding to her name being called when as previously she was not, without the aid

Medical Officer,
C. S. I. KALYANI GENERAL HOSPITAL

esetek miatt is hálálkodunk, és dicsőítjük Istent. Egy ilyen történet Jenniferé is, aki születése óta süketnéma volt. Egy orvos azt javasolta neki, hogy viseljen hallókészüléket, amely egy kissé javítani fogja a hallását, azonban tökéletes soha nem lesz.

Jennifer anyja minden nap imádkozott a lánya gyógyulásáért. Eljöttek a misszióra, ahol anya és lánya leültek a hangfalak egyike mellé, mert az úgysem tudta zavarni a kislányt. A misszió utolsó napján nem találtak helyeket a hangszóró mellett, mivel nagy volt a tömeg. Ami ekkor következett, valóban hihetetlen. Ahogy befejeztem a betegekért mondott imámat a pulpitusról, Jennifer azt mondta az anyjának, hogy túl nagy volt a zaj, és vegye le a hallókészülékét. Alleluja!

Az orvosi leleteknek megfelelően, melyek a gyógyulás előtt készültek, Jennifer hallása még a legnagyobb zajt sem tudta érzékelni. Más szavakkal, Jennifer a hallása száz százalékát elvesztette, azonban az ima után megállapították, hogy a hallásának a 30-50%-a helyreállt. A következő Jennifer orvosi értékelése, amelyet egy Christina nevű orr-fül-gégész végzett:

Annak érdekében, hogy kiértékeljem Jennifer, 5 éves

beteg hallását, megvizsgáltam őt a C.S.I. Kalyani Multi Specialty Hospital nevezetű intézményben. Miután beszéltem Jenniferrel és kivizsgáltam őt, azt a következtetést vontam le, hogy nagyon jelentős javulás állt be a hallásában az ima után. Jennifer anyjának véleménye is jelentős: ugyanazt állapította meg, mint amit én korábban: Jennifer hallása jelentősen, drámai mértékben fejlődött. Jelenleg Jennifer jól hall, hallókészüléket nem használ, és amikor a nevén szólítják, meghallja és válaszol. Ez nem állt fenn a hallókészülékkel az ima előtt.

Azok számára, akik a szívüket hittel előkészítik, Isten hatalma kétségkívül megjelenik. Természetesen olyan esetek is vannak, amikor egy egyén helyzete napról napra változik – javul – feltéve, hogy a Krisztusban hűséges életet él.

Gyakran Isten nem ad nekünk teljes gyógyulást egyből, ha kiskorunktól süketek voltunk. Ha attól a pillanattól jól hallanának a némák, hogy meggyógyultak, nehezükre esne az összes hangnak ellenállniuk. Ha az emberek akkor vesztik el a hallásukat, miután felnőttek, Isten azonnal meggyógyítja őket, mert nem kerül nekik annyi időbe, hogy a hangokhoz alkalmazkodjanak. Ilyen esetekben az emberek összezavarodnak eleinte, de egy-két nap után lenyugszanak, és megszokják azt, hogy képesek hallani. 2003 áprilisban a dubai utam alatt az Egyesült Arab Emirátusokban találkoztam egy harminckét eves nővel, aki megnémult, miután agyvelőgyulladást kapott, amikor két eves volt. Ahogy meghallgatta az imámat, a nő teljesen tisztán ezt mondta: "Köszönöm szépen!" Gondolkodtam a megjegyzésén, azt hívén, hogy értékeli az imámat, azonban a hölgy szülei a tudtomra adták, hogy harminc éve nem ejtette ki a lányuk a száján azt, hogy "Köszönöm szépen."

Annak érdekében, hogy megtapasztaljuk a hatalmat, amely képessé teszi a süketet, hogy halljon, a némát, hogy beszéljen

Márk evangéliumának 7, 33 – 35 verseiben a következőket olvassuk:

Ő pedig, mikor kivitte vala azt a sokaság közül egy magát, az újjait annak fülébe bocsátá, és köpvén illeté annak nyelvét, És föltekintvén az égre, fohászkodék, és monda néki: Effata, azaz: nyilatkozzál meg. És azonnal megnyilatkozának annak fülei: és nyelvének kötele megoldódék, és helyesen beszél vala.

Itt az "Effata" azt jelenti: "Nyílj ki" héberül. Amikor Jézus a teremtés eredeti hangján parancsolt, az ember fülei kinyíltak, és a nyelve megoldódott.

Miért tette Jézus az ember füleibe az ujjait, mielőtt ezt parancsolta: "Effata"? "Azért a hit hallásból van, a hallás pedig Isten ígéje által." Mivel ez az ember nem hallott, nem volt könnyű számára a hit gyakorlása. Továbbá, ez az ember nem azért jött Jézus elé, hogy meggyógyuljon, hanem néhány másik ember hozta őt el Jézus elé. Azzal, hogy az ujjait az ember fülébe helyezte, Jézus segített ennek az embernek, hogy az ujjai érzékelésével legyen neki is hite.

Csak amikor megértjük a spirituális jelentést abban a jelenetben, amelyben Jézus kinyilvánította Isten hatalmát, csak akkor tapasztalhatjuk meg az Ő hatalmát. Milyen lépéseket kell hát tennünk?

Először bírnunk kell azzal a hittel, amely biztosítja a gyógyulást.

A gyógyulni kívánó embernek hittel kell bírnia, egy

kevéssel is. Azonban Jézus idejével ellentétben, és a civilizáció következtében, sok olyan csatorna van, beleértve a jelbeszédet, amelynek segítségével még a gyengén halló is találkozhat az evangéliummal. Néhány évvel ezelőtt az összes istentisztelet anyaga le volt fordítva jelbeszédre a Manmin templomban. Az üzeneteket állandóan feltesszük jelbeszédben is, frissítve, a honlapunkra.

További, más módokon is lehet hited: könyvek, videók és audiokazetták által is, feltéve, hogy megvan az elhatározásod. Ha elérted a hitet, megtapasztalhatod Isten hatalmát. Beszéltem már a tanúságtételekről, amelyek abban segítenek, hogy igaz hitünk legyen.

Következő: megbocsájtást kell nyernünk.

Miért köpött, és miért érintette meg Jézus az ember nyelvét, miután behelyezte az ujjait annak fülébe? Ez spirituálisan a víz általi keresztséget szimbolizálja, mely szükséges, hogy az ember bűnei megbocsáttassanak. A víz általi keresztség azt jelenti, hogy Isten szava által – amely olyan, mint a tiszta víz – az összes bűnünktől megtisztulhatunk. Annak érdekében, hogy Isten hatalmát megtapasztaljuk, először a bűn problémáját kell megoldanunk. Ahelyett, hogy az ember bűneit vízzel mosta volna le, Jézus a saját nyálát használta, mely ennek az embernek a megbocsájttatását szimbolizálta. Ézsaiás könyvének 59, 1 – 2 verse ezt mondja: "Ímé, nem oly rövid az Úr keze, hogy meg ne szabadíthatna, és nem oly süket az ő füle, hogy meg nem hallgathatna; Hanem a ti vétkeitek választanak el titeket Istenetektől, és bűneitek fedezték el orczáját ti előttetek, hogy meg nem hallgatott."

Ahogy Isten megígérte nekünk a Krónikák 7, 14- ben: "És megalázza magát az én népem, a mely nevemről neveztetik, s könyörög és keresi az én arczomat, és felhagy az ő bűnös életmódjával: én is meghallgatom őket a mennyből, megbocsátom bűneiket, és megszabadítom földjüket," annak érdekében, hogy istentől válaszokat kapjunk, igaz módon kell magunkra tekintenünk, szét kell szakítanunk a szívünket, és meg kell bánnunk a bűneinket.

Mit kell megbánnunk Isten előtt?

Először, azt kell megbánnod, hogy nem hittél Istenben, és nem fogadtad el Jézus Krisztust. János evangéliumának 16, 9 versében Jézus azt mondja nekünk, hogy a Szentlélek el fogja ítélni a bűnös világot, mivel az emberek nem hisznek Benne. Rá kell jönnöd, hogy az Urat nem elfogadni egyenlő a bűnnel, és ezért hinned kell az Úrban és Istenben.

Másodszor, ha nem szeretted a testvéreidet, meg kell bánnod a bűneidet. János első levelének 4, 11 verse ezt üzeni számunkra: "Szeretteim, ha így szeretett minket az Isten, nekünk is szeretnünk kell egymást." Ha a testvéred utál téged, ahelyett, hogy visszautálod őt, toleránsnak és megbocsájtónak kell lenned. Az ellenségedet is szeretned kell, először az ő előnyét kell keresned, és el kell képzelned magad az ő helyzetében. Amikor mindenkit szeretsz, Isten is együtt érez veled majd, kegyelmet és gyógyulást küld neked.

Harmadszor, ha önérdekből imádkoztál, meg kell bánnod azt. Isten nem gyönyörködik azokban, akik önző motivációból imádkoznak. Nem fog válaszolni neked. Mostantól Isten akarata szerint kell imádkoznod.

Negyedszer, ha imádkoztál, de kétellyel a szívedben, meg kell azt bánnod. János evangéliuma 1, 6 – 7 ezt tartalmazza:

"De kérje hittel, semmit sem kételkedvén: mert a ki kételkedik, hasonlatos a tenger habjához, a melyet a szél hajt és ide s tova hány. Mert ne vélje az ilyen ember, hogy kaphat valamit az Úrtól; A kétszívű, a minden útjában állhatatlan ember." Amikor imádkozunk, hittel kell azt tennünk, hogy a Kedvére tegyünk. Amint A zsidókhoz írt levél 11, 6 verse tartalmazza: "Hit nélkül lehetetlen Isten kedvére tennünk", dobd el a kételyeidet, és csakis hittel kérj.

Ötödször, ha nem engedelmeskedtél Isten parancsainak, meg kell bánnod ezt. Ahogy Jézus mondja János evangéliumának 14, 21 versében: "A ki ismeri az én parancsolataimat és megtartja azokat, az szeret engem; a ki pedig engem szeret, azt szereti az én Atyám, én is szeretem azt, és kijelentem magamat annak," ha bebizonyítod Isten iránti szereteted azzal, hogy az Ő parancsainak engedelmeskedsz, valóban kaphatsz válaszokat Tőle. Időről időre a hívőkkel közlekedési balesetek történnek. Többnyire azért, mert nem tartották meg az Úr napját szentnek, vagy nem ajánlották fel a teljes tizedet. Mivel nem a legalapvetőbb keresztény szabályok szerint éltek, ami a Tízparancsolat, nem kerülhettek Isten védelme alá. Azok között, akik hűségesen engedelmeskednek az Ő parancsolatinak, akadnak olyanok, akik saját hibájuk miatt balesetet szenvednek. Azonban őket Isten megvédi. Ilyen esetekben, még egy totálkáros autóban is, az emberek sértetlenek maradnak, mivel Isten szereti őket, és megmutatja az irántuk megnyilvánuló szeretetét.

Sőt, azok az emberek, akik nem ismerték Istent gyakran nagyon gyorsan meggyógyulnak az ima után. Ez annak tulajdonítható, hogy maga a tény, hogy eljöttek a templomba, egy hitbeli cselekedet, és Isten dolgozik bennük. Azonban, ha az embereknek van hite, de állandóan megszegik Isten parancsolatait, mert nem hisznek az Ő szavában, falat húznak maguk és Isten közé, és így nem gyógyulhatnak meg. Azért dolgozik Isten nagy mértékben a hitetlenek között a tengerentúli missziókon, mert azok, akik bálványokat imádnak, nem ismerik Istent, de Isten ezt is hitnek ítéli.

Hatodszor: ha nem vetettél, meg kell bánnod. Ahogy a Galateákhoz írt levél 6, 7 mondja nekünk: "Amit egy ember elvet, learatja azt," annak érdekében, hogy megtapasztaljuk Isten hatalmát, szorgalmasan kell istentiszteletekre járnunk. Emlékezz: ha a testeddel vetsz, egészségbeli áldásokban less részed, és ha a vagyonoddal vetsz, vagyonbeli áldásokban less részed. Így, ha vetés nélkül akartál aratni, meg kell ezt bánnod.

János első levelének 1, 7 verse így szól: "Pedig a világosságban járunk, a mint ő maga a világosságban van: közösségünk van egymással, és Jézus Krisztusnak, az ő Fiának vére megtisztít minket minden bűntől." Sőt, szorosan követve Isten ígéretét János első levelének 1, 9 versében: "Ha megvalljuk bűneinket, hű és igaz, hogy megbocsássa bűneinket és megtisztítson minket minden hamisságtól," tekints magadra, bánd meg a bűneidet, és járj a fényben.

Részesülj Isten együttérzésében, bármit kapj meg, amit kérsz, és az Ő hatalma által legyen részed egészségbeli, és minden más áldásban, a mi Urunk, a Jézus Krisztus nevében imádkozom ezért!

Kilencedik Üzenet
Isten kifogyhatatlan gondviselése

Mózes ötödik könyve 26, 16 - 19

*E mai napon az Úr,
a te Istened parancsolja néked,
hogy e rendelések és végzések szerint cselekedjél:
tartsd meg azért
és cselekedjed azokat teljes szívedből
és teljes lelkedből!
Azt kívántad ma kimondatni az Úrral,
hogy Isteneddé lesz néked,
hogy járhass az ő útain,
megtudhassad az ő rendeléseit,
parancsolatait és végzéseit,
és engedhess az ő szavának;
Az Úr pedig azt kívánja ma kimondatni veled,
hogy az ő tulajdon népévé leszesz,
a miképen szólott néked,
és minden ő parancsolatát megtartod,
Hogy feljebb valóvá tegyen téged
minden nemzetnél, a melyeket teremtett,
dícséretben, névben és dicsőségben,
és hogy szent népévé lehess az Úrnak,
a te Istenednek, a mint megmondta vala.*

Ha arra kérik az embereket, hogy a szeretet legmagasabb fokát meghatározzák, sokan közülük a szülői szeretetet említik, főleg az anya szeretetét a kisded iránt. Azonban Ézsaiás könyvének 49, 15 versében ezt találjuk: "Hát elfeledkezhetik-é az anya gyermekéről, hogy ne könyörüljön méhe fián? És ha elfeledkeznének is ezek: én te rólad el nem feledkezem." Isten bőséges szeretete nem hasonlítható össze azzal a szeretettel, amelyet egy anya érez a kisgyereke iránt.

A szeretet Istene azt szeretné, ha minden ember elérné az üdvösséget, és örüljön az örök életnek, áldásoknak, és a gyönyörnek, amely a nagyszerű mennyországban vár rá. Ezért Ő megmenti az Ő gyermekeit a megpróbáltatásoktól és szerencsétlenségektől, és mindent meg akar adni nekik, amit kérnek. Isten mindannyiunkat elvezet egy áldott életre nemcsak itt a földön, hanem az utána következő örök életben is.

Most, a hatalom és próféciák által, amelyeket Isten megadott nekünk az Ő szeretetében, elemezzük ki Isten gondviselését a Manmin Központi Templom esetében.

Isten szeretete azt szolgálja, hogy minden lélek üdvözüljön

Péter második levelének 3, 3 – 4 versében meg ezt találjuk:

"Tudván először azt, hogy az utolsó időben csúfolkodók támadnak, a kik saját kívánságaik szerint járnak, És ezt mondják: Hol van az ő eljövetelének ígérete? Mert a mióta az atyák elhunytak, minden azonképen marad a teremtés kezdetétől fogva."

Sok olyan ember létezik, aki nem hiszi el, ha a világ végéről beszélünk neki. Ahogy a nap mindig felkel és lenyugszik, ahogy emberek mindig is születtek és meg is haltak, és ahogy a civilizáció mindig fejlődött, ezek az emberek azt feltételezik, hogy minden, mindig folytatódni fog.

Mivel egy ember életének kezdete és vége is van, ha van egy kezdet az emberi történelemben, egészen biztos, hogy van egy vég is. Amikor az Isten által kiválasztott idő eljön, mindennek az univerzumban szembe kell néznie a véggel. Minden emberről, aki Ádám óta valaha élt, ítélet születik majd. Annak megfelelően, hogy hogyan élt a földön, mindenki bekerül vagy a mennyországba, vagy a pokolba.

Egyrészt azok, akik hisznek Jézus Krisztusban, és Isten szava szerint élnek, a mennyországba kerülnek. Másrészt azok, akik akkor sem hisznek, miután megkeresztelték őket, valamint azok, akik nem Isten szava szerint élnek, hanem gonoszságban és bűnben, a pokolba jutnak, akkor is, ha megvallják a hitüket az Úrban. Ezért Isten minél hamarabb el szeretné terjeszteni az evangéliumot a földön, komolyan, hogy legalább még egy ember üdvözülhessen.

Isten hatalma elterjed az idő vége felé

Annak az oka, hogy Isten megalapította a Manmin Központi Templomot, és megmutatja a hatalmát, itt rejlik. Az Ő hatalmának kinyilvánítása által Isten bizonyítékot szolgál számunkra az igaz Isten létezéséről, és felvilágosítja az embereket a mennyország és a pokol valóságáról. Ahogy Jézus mondta nekünk János evangéliumának 4, 48 versében: "Hacsak nem láttok jeleket és csodákat, ti emberek nem hisztek," főleg egy olyan időben, amikor a gonoszság és a bűn virágzik, a tudomány fejlődik, és ilyenkor a hatalom munkája, amely az emberek gondolatait szét tudja verni, még inkább szükségesebb. Ezért, az idő végekor Isten megfegyelmezi a Manmin templomot, és megáldja mindig növekvő hatalommal is.

Az emberiség művelése, amit Isten kitervelt, szintén a végéhez közeledik. Addig, amíg az Isten által kiválasztott idő eljön, a hatalom egy szükséges eszköz arra, hogy megmentse az összes embert, akinek van esélye arra, hogy üdvözüljön. Csak hatalommal lehet egyre több embert üdvösségre vezetni, egyre gyorsabban.

A hosszas üldözés és nyomorúság következtében nagyon nehéz az evangéliumot néhány országban terjeszteni a földön, és számtalan olyan ember létezik ma is, aki nem is hallott az evangéliumról életében. Továbbá azok között is, akik a hitüket az Úrban megvallják, az igaz hittel bíró emberek száma nem olyan magas, mint az emberek gondolják. Lukács evangéliumának 18, 8 versében Jézus megkérdi tőlünk: "Amikor az Ember Fia megjön, talál-é hitet a földön?" Sokan járnak templomba, azonban továbbra is a bűnben élnek, ugyanúgy, mint a világi emberek.

Azonban, még azokban az országokban is, ahol a

kereszténységet üldözik, amikor az emberek megtapasztalják Isten hatalmának munkáit és megnyilvánulásait, a hit, amely nem ismer félelmet kivirágzik, és az evangélium tüzes terjedése bekövetkezik. Az emberek, akik bűnben élnek az igaz hit nélkül meghatalmazást kapnak, hogy Isten szava szerint éljenek, amikor első kézből megtapasztalják az élő Isten hatalmának a munkáját.

Számos misszión, külföldön megtapasztaltam azt, hogy néhány országban tiltják a keresztelkedést és az evangélium terjesztését, valamint az egyházat megbüntetik. Olyan országokban, mint Pakisztán és az Egyesült Arab Emirátusok, ahol az iszlám virágzik, valamint Indiában, amely elsődlegesen hindu, láttam, hogy amikor Jézus Krisztusról bizonyságot tesznek, és megnyilvánulnak azok a bizonyítékok, amelyek által az emberek tudtak hinni az élő Istenben megnyilvánulnak, számtalan ember megtér, és üdvözül. Még ha bálványokat imádtak is korábban, amint megtapasztalják Isten hatalmának munkáját, az emberek úgy tudják elfogadni Jézus Krisztust, hogy nem félnek a jogi következményektől. Ez Isten hatalmának nagyságáról tanúskodik.

Ahogy egy földműves learatja a munkájának a gyümölcsét aratáskor, Isten is oly csodás hatalmat mutat, hogy az összes lelket learathassa, és azok üdvözülhessenek az utolsó napokon.

Az idő végének jelei, ahogy a Biblia tartalmazza

Isten szava által, ahogy az a Bibliában van, meg tudjuk mondani, hogy az idők, amiket mostanában élünk, közel vannak a véghez. Bár Isten pontosan nem mondta meg az idő és korszak végét, adott számunkra kulcsot ahhoz, hogy meg tudjuk becsülni: mikor van az idő vége. Ahogy a felhők állásából meg tudjuk mondani, mikor lesz eső, a történelem folyásából, valamint a Bibliában leírtakból is meg tudjuk állapítani, mikor jön el az utolsó nap.

Lukács evangéliumának 21. részében például ezt találjuk: "És mikor hallotok háborúkról és zendülésekről, meg ne félemljetek; mert ezeknek meg kell lenni előbb, de nem [jő] mindjárt a vég." (9. vers), és "És minden felé nagy földindulások lesznek, és éhségek és döghalálok; és rettegtetések és nagy jelek lesznek az égből"(11. vers).

Timóteus könyvének 3, 1 – 5 verseiben ezt olvassuk:

Azt pedig tudd meg, hogy az utolsó napokban nehéz idők állanak be. Mert lesznek az emberek magukat szeretők, pénzsóvárgók, kérkedők, kevélyek, káromkodók, szüleik iránt engedetlenek, háládatlanok, tisztátalanok, Szeretet nélkül valók, kérlelhetetlenek, rágalmazók, mértékletlenek, kegyetlenek, a jónak nem kedvelői. Árulók, vakmerők, felfuvalkodottak, inkább a gyönyörnek, mint Istennek szeretői. Kiknél megvan a kegyességnek látszata, de megtagadják annak erejét. És ezeket kerüld.

Számos szerencsétlenség és jel van szerte a világon, és az emberek szíve és gondolatai egyre gonoszabbá válnak manapság. Minden héten küldenek nekem újságkivágásokat történetekről és eseményekről, és ezek száma állandóan nő. Ez azt jelenti, hogy sokkal több szerencsétlenség, megpróbáltatás és gonosz cselekedet történik szerte a világon.

Az emberek nem olyan érzékenyek ezekre a történésekre, mint voltak egykor. Mivel túl sok ilyen esemény és tragédia történik, az emberek immunissá váltak ezekre. A legtöbben közülük nem veszik komolyan a brutális gyilkosságokat, nagy háborúkat, természeti katasztrófákat, és a véletlen tragédiákat sem. Ezek az események régen megtöltötték a média felületeket. Azonban, ha ezek nem az ismerősökkel történnek, a legtöbb ember hamar elfelejti ezeket.

Abból, ahogy az emberiség történelme napjainkban történik, azok az emberek, akik ébren vannak és világosan kommunikálnak Istennel egyhangúan arról tanúskodnak, hogy az Úr eljövetele a küszöbön van.

Az idő végével kapcsolatos próféciák, és Isten gondviselése a Központi Manmin Templommal kapcsolatban

Isten gondviselésének megnyilatkozásából a Manmin közösség felé tényleg azt látjuk, hogy valóban az idő végéhez értünk. A Manmin megalapításától kezdve a mai napig Isten előre jelezte az elnöki és parlamentári választások eredményét, a fontos személyek halálát Koreában és külföldön, és számos más eseményt, amely a világ történelmét alakította.

Számos alkalommal mutattam be ilyen információt betűszavakban a heti templomi újságban. Ha a tartalom túl érzékeny volt, csak néhány egyénnek adtam a tudtára. A közelmúltban néha a pulpitusról Dél-Koreával, valamint az Egyesült Államokkal kapcsolatban megosztottam előrejelzéseket, valamint a világ néhány eseményét előre megjósoltam.

A legtöbb prófécia beteljesült úgy, ahogy előre megjósoltam, és a be nem teljesültek pedig vagy ma is folyamatosan történő, vagy még elkövetkező eseményekkel kapcsolatosak. Megjegyzendő, hogy azok az események, amelyek ez után fognak megtörténni, főleg az utolsó napokkal kapcsolatosak. Ezek között van Isten gondviselése a Manmin Templomról, ezért nézzünk egy párat ezek közül.

Az első prófécia Észak- és Dél-Korea kapcsolatáról szól.

Az alapítás óta Isten nagyon sok információt feltárt nekem Dél-Koreával kapcsolatban. Ez azért van, mert a hivatásunk Dél-Korea megkeresztelése az utolsó napokban. 1983-ban Isten előre jelezte számunkra a találkozót az

Észak-és Dél-Koreai vezetők között, és annak az utóhatását. A találkozó után röviddel Észak-Korea meg kellett volna, hogy nyissa a kapuit a világnak ideiglenesen, miután be is csukta azt. Isten azt sugalmazta nekünk, hogy amikor Észak- Korea megnyitja a kapuit, a szentség és Isten hatalmának evangéliuma bemegy majd az országba, és az evangelizáció megtörténik. Isten azt mondta nekünk, hogy az Úr eljövetele esedékes akkor lesz, ha Észak- és Dél-Korea egy bizonyos módon fejezi ki magát. Mivel Isten azt mondta nekem, hogy őrizzem meg magamnak, hogy mit jelent az, hogy "a két Korea egy bizonyos módon fejezi ki magát", ezért ezt az információt nem tudom ezennel feltárni.

Amint azt tudjátok, 2000-ben valóban volt egy találkozó a két Korea vezetői között. Valószínűleg éreztétek, hogy Észak-Korea – megadva magát a nemzetközi akaratnak – ki fogja nyitni a kapuit.

A második prófécia a világmisszió iránti elkötelezettségről szól.

Isten előkészített egy sor olyan tengerentúli missziót a Manmin számára, amelyeken több tízezer, sőt, több százezer vagy millió ember gyűlt össze, és megáldott bennünket, hogy gyorsan evangelizáljuk a világot az Ő csodálatos hatalma által. Ezek között van az ugandai Szent Evangélium Misszió, amelyről nemzetközi méretű adást közvetített a Cable News Network (CNN); a pakisztáni Gyógyulást segítő misszió, amely az iszlám világot megrázta, és kinyitotta a missziós munka ajtaját a Közel-Keleten, a kenyai Szent Evangélium Misszió, amelyen számos betegség meggyógyult, beleértve az AIDS-et, a fülöp-szigeteki Egyesült Gyógyulást segítő misszió, amelyen Isten hatalma robbanásszerűen megnyilvánult, a hondurasi Csodálatos Gyógyulások missziója, amely a Szentlélek hurrikánjában csúcsosodott ki, valamint az indiai Csodálatos gyógyulások imafesztiválja, abban az országban, amely a legnagyobb hindu ország a világon, és amely eseményen több, mint három millió ember volt jelen négy nap alatt. Ezek az események ugródeszkát jelentettek a Mamin templom részére Izraelbe, a végső cél felé.

Mivel Isten nagy célja az emberiség művelése volt, ezért megalkotta Ádámot és Évát, és miután az élet elkezdődött a földön, az emberek szaporodni kezdtek, a sok nép közül Isten kiválasztott egy nemzetet, Izrael népét, Jákob leszármazottjait. Az izraeliták történelme által Isten feltárta az Ő dicsőségét és gondviselését, amellyel az emberiséget művelte, nem csak Izrael számára, hanem az összes többi népnek is. Izrael népe ily módon az emberiség művelésének a modellje, és a történelme, amelyet Isten Maga irányít, nem csak egy nemzet történelme, hanem az Ő üzenete az összes nemzetnek. Továbbá, mielőtt befejezte az emberiség művelését, amely Ádámmal kezdődött, Isten azt akarta, hogy az evangélium visszatérjen Izraelbe, ahonnan eredt. Nagyon nehéz egy keresztény összejövetelt levezetni és az evangéliumot terjeszteni Izraelben. Izraelben Isten meg kell hogy nyilvánuljon oly módon, hogy az eget és a földet megrázza, és Isten gondviselésének ezt a részét beteljesíteni az az elhívás, amit a Manmin közösség kapott az utolsó napokra.

Jézus Krisztus által Isten megvalósította az emberiség gondviselését, és megengedte, hogy bárki, aki elfogadja Jézus Krisztust mint Megmentőjét, üdvözülhessen, és örök életet kapjon. Azonban Isten kiválasztott népe, Izrael nem ismerte el Jézust Messiásként. Egészen addig a pillanatig, amíg a Gyermekei a levegőbe emelkednek, Izrael népe nem fogja megérteni a Jézus Krisztus általi üdvösség lényegét és gondviselését.

Az utolsó napokban Isten azt szeretné, ha Izrael népe bűnhődne, és elfogadná Jézus Krisztust a Megmentőjükként, hogy üdvözülhessenek. Ezért Isten megengedte, hogy a Szentség evangéliuma belépjen Izraelbe, és elterjedjen mindenütt egy nemes elhívás által, amit Ő adott a Manmin közösségnek. Most, hogy egy fontos lépcsőfoka megtörtént a közel-keleti misszionárius munkának 2003 áprilisában, Isten akaratával megegyezően a Manmin közösség előkészítő munkálatokat végez Izrael számára, és elvégzi Isten gondviselését.

A harmadik prófécia a nagy Szentély megépítésére vonatkozik.

A Manmin megalapítása után röviddel – amint Isten kinyilvánította az Ő gondviselését az utolsó napokra – Isten elhívott bennünket a Nagy Szentély megépítésére, amely Isten dicsőségét fogja feltárni, a világ összes nemzete számára.

Az Ótestamentum idején lehetséges volt cselekedetek által üdvözülni. Ha a valaki szívében lévő bűn nem is tűnt el, addig, amíg a bűnt láthatóan el nem követték, bárki üdvözülhetett. Az Ótestamentum idejében a Templom olyan hely volt, ahol az emberek kizárólag cselekedetekkel dicsőítették és imádták Istent, ahogy a törvény azt előírta.

Azonban az Újtestamentum idején eljött Jézus, aki beteljesítette a Törvényt a szeretet által, és a Jézus Krisztusba vetett hitünk által megkaptuk az üdvösséget. Az a Templom, amelyet Isten óhajt az Újtestamentum idején, nem csak cselekedetekkel készül majd, hanem szívvel is. Ezt a Templomot Isten igaz gyermekei építik, akik eldobták a bűnt, szent a szívük az Iránta mutatott szeretettől. Ezért Isten megengedte, hogy az Ótestamentumból való Templomot lerombolják, és azt akarta, hogy egy igazi, új spirituális jelentéssel bíró, új templom épüljön.

Ezért azok az emberek, akik a Nagy Szentélyt fel fogják építeni, Isten előtt megfelelőek kell hogy legyenek. Isten gyermekei kell hogy legyenek, akik körülmetélték a szívüket, szent és tiszta szívvel kell hogy bírjanak, hittel tele, valamint reménnyel és szeretettel is. Amikor Isten meglátja

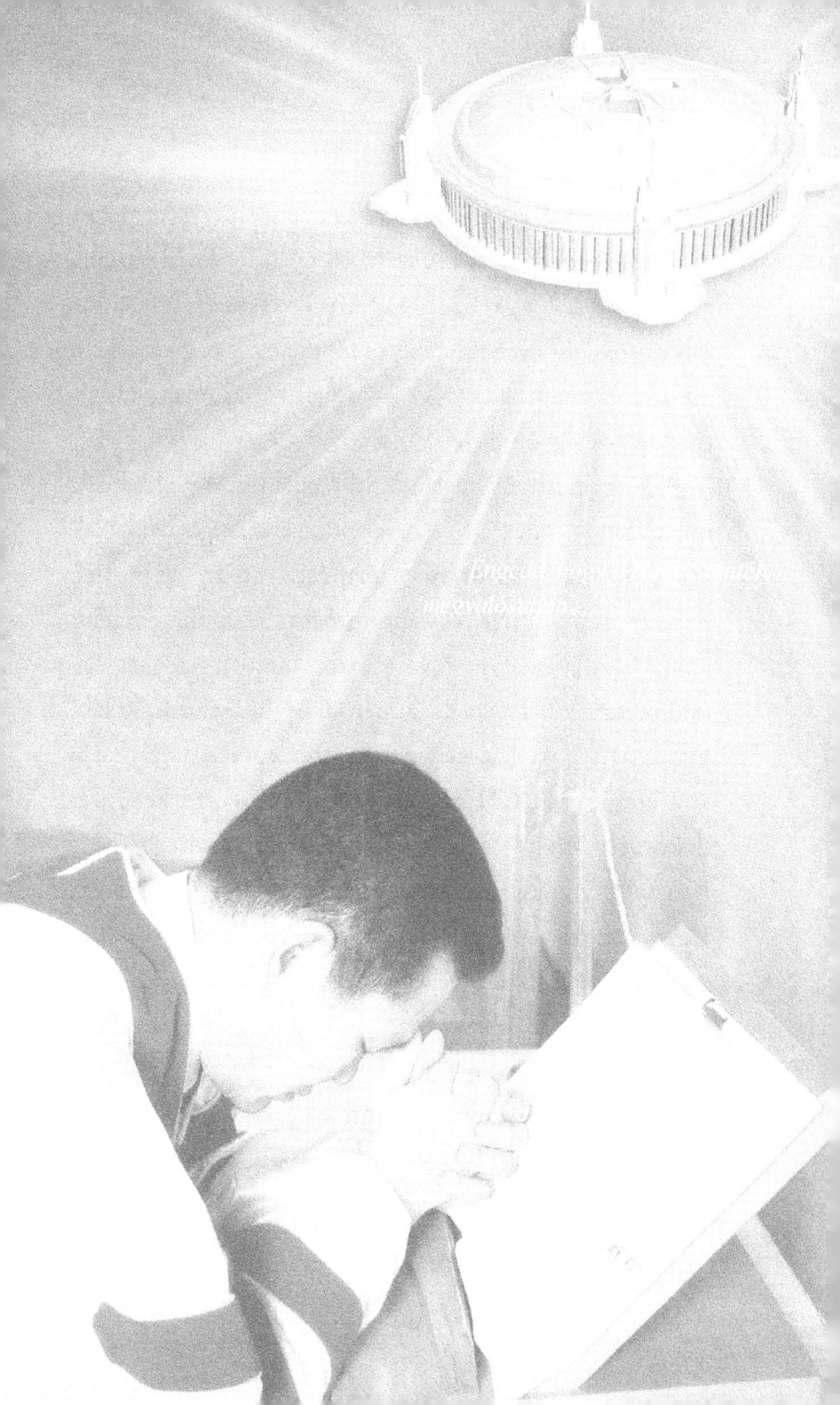

a Nagy Szentélyt, amelyet az Ő szentesült gyermekei építettek, nem csak az épület külső megjelenése vigasztalja majd Őt. A Nagy Szentély által visszaemlékszik a folyamatra, ahogyan az épült, és mindenik igaz gyermekére emlékszik majd, aki az Ő könnyeinek, áldozatának és türelmének a gyümölcse.

A Nagy Szentély nagy jelentőséggel bír. Az emberiség művelésének emlékműve ez, valamint Isten vigasztalásának szimbóluma is, miután jó termést aratott. Az utolsó napokon épül, mivel egy monumentális épület-projekt, amely feltárja Isten dicsőségét a világ minden népe részére. 600 méter (kb. 1970 láb) átmérőjű és 70 méter (230 láb) magasságú Nagy Szentély egy masszív épület, amely majd sokféle drágakőből készül, és mindenik szerkezeti és dekorációs elemben ott lesz Új Jeruzsálem dicsősége, a hatnapos teremtés, valamint Isten hatalma is. Csak rá kell nézni majd a Nagy Szentélyre ahhoz, hogy Isten nagyszerűségét és dicsőségét az emberek megérezzék. Még a hitetlenek is csodálkoznak majd a látványt nézve, és elismerik az Ő dicsőségét majd.

Végül: a Nagy Szentély felépítése egy bárka felépítésének a kezdete, amelyben számtalan lélek üdvözülhet majd. Az utolsó napokban, amikor a bűn és a gonoszság virágzik majd, amint Noé idejében is történt, amikor az emberek, akiket Isten gyermekei vezettek, egy Általa megfelelőnek ítélt időben az emberek a Nagy Szentély elé jönnek, közülük is azok, akik hisznek Benne, és üdvösséget kapnak. Egyre több ember hall Isten dicsőségéről és hatalmáról, és eljönnek majd, hogy saját maguk is lássák azt. Amikor eljönnek, számtalan bizonyíték lesz majd Istenről. A spirituális birodalom titkait is megtanítják nekik, és megismerhetik Isten akaratát is, amely arról szól: Isten Hozzá hasonlatos, igaz gyermekeket kíván learatni, akik az Ő képére teremtettek.

A Nagy Szentély az utolsó fázis középpontja lesz, ahol az evangéliumot világszerte elterjesztik, mielőtt az Úr megjelenik. Sőt, Isten azt is a tudtára adta a Manminnak, hogy amikor a Nagy Szentély felépítésének ideje eljön, a királyokat és a hatalmasságokat arra vezeti majd, hogy segítsék az építkezést.

A Manmin Központi templom alapításától kezdve Isten feltárt próféciákat a közösségünk számára. Még a mai napig is, Isten kinyilvánítja az örökké növekvő hatalmát, és beteljesíti az Ő szavát. A templom történelme során Isten

Maga vezette a Manmin templomot, hogy megvalósítsa az Ő gondviselését. Sőt, addig, amíg az Úr visszatér, elvezet minket arra, hogy minden feladatot teljesítsünk, amit Ő adott nekünk, és kinyilvánítsa az Úr dicsőségét az egész világon.

János evangéliumának 14, 11 versében Jézus ezt mondja nekünk: "Higyjetek nékem, hogy én az Atyában vagyok, és az Atya én bennem van; ha pedig nem, magokért a cselekedetekért higyjetek nékem." Mózes ötödik könyvének (Deuteronomy) 18, 22 versében meg ezt olvashatjuk: "Ha a próféta az Úr nevében szól, és nem lesz meg, és nem teljesedik be a dolog: ez az a szó, a melyet nem az Úr szólott; elbizakodottságból mondotta azt a próféta; ne félj attól!" Remélem, megérted Isten gondviselését, ahogy az megnyilvánul a Manmin templomban megjelenő hatalom és próféciák által!

Azzal, hogy az utolsó napokban Isten a Központi Manmin Templom által valósítja meg az Ő gondviselését, Isten nem adott ennek a templomnak egyetlen éjszaka alatt hatalmat és újjáéledést. Több mint húsz éve képez bennünket Isten. Mint ahogy egy meredek és magas hegyet mászunk meg, vagy a magas hullámok ellen vitorlázunk a heves tengeren, Ő is számtalanszor vezetett át bennünket megpróbáltatásokon és – azokon az embereken keresztül, akik a kemény hitükkel átmentek ezeken a megpróbáltatásokon – elkészített egy olyan edényt, amely készen áll a világmisszió megvalósítására.

Ez mindannyiunkra vonatkozik. Az a hit, amellyel valaki be tud menni Új Jeruzsálembe nem alakul ki vagy fejlődik egyetlen éjszaka alatt, mindig ébernek kell lenned, és készülnöd kell arra a napra, amikor az Urunk visszatér majd. Mindenekfölött, pusztítsd el az összes bűnfalat magad körül, és állhatatos és égő hittel szaladj a mennyország felé. Amikor ezzel a fajta változatlan és állhatatos elhatározással lépsz előre, Isten minden kétség nélkül megáldja a lelked, hogy boldoguljon, és meg fogja válaszolni a szíved vágyait. Sőt, Isten spirituális képességet ad neked, amely által használható leszel, mint az Ő értékes edénye az Ő gondviselése számára az utolsó napokon.

Azt kívánom: mindannyian tartsatok ki a forró hitetek mellett, amíg az Úr visszatér, és találkozzatok az örök mennyországban, Új Jeruzsálem városában, a mi Urunk, a Jézus Krisztus nevében imádkozom ezért!

A szerző
Dr. Jaerock Lee

Dr. Jaerock Lee Muanban, Jeonnam Tartományban, a Koreai Köztársaságban született, 1943-ban. A huszas éveiben hét évig gyógyíthatatlan betegségekben szenvedett, és a gyógyulás reménye nélkül várta a halált. Egy napon 1974-ban azonban a nővére elvitte egy templomba, és amikor letérdelt, hogy imádkozzon, az Élő Isten az összes betegségéből kigyógyította.

Attól a pillanattól fogva, hogy e csodás tapasztalat révén Dr. Lee találkozott az Élő Istennel, teljes szívéből és őszintén szereti Istent, és 1978-ban elhivatott az Ő szolgájaként. Buzgón imádkozott, hogy megérthesse Isten akaratát, és teljesen beteljesítse azt, és Isten igéjét teljesen betartotta. 1982-ben megalapította a Manmin Központi Egyházat Szöulban, Koreában, és azóta számtalan isteni munka történt ebben a templomban, beleértve a nagyszerű gyógyulásokat és a csodákat.

1986-ban lelkésszé szentelték a Jézus Sungkyul Koreai Egyházának éves összejövetelén, és négy évvel később, 1990-ben az istentiszteleteit elkezdték közvetíteni Ausztráliában, Oroszországban, a Fülöp-szigeteken, és számos más országban, a Far East Broadcasting Company, az Asia Broadcast Station, valamint a Washington Christian Radio System közreműködésével.

Három évvel később, 1993-ban a Manmin Központi Templomot beválasztották "A világ legjobb 50 temploma" közé, a Christian World magazin által (USA), és tiszteletbeli doktori címet kapott a Christian Faith College, Florida, USA, intézménytől, és 1996-ban doktori címet is - a lelkészi tudományokban - az iowai Kingsway Theological Seminary-től, az Egyesült Államokból.

1993 óta Dr. Lee a világmisszió terén vezető szerepet vállal, külföldön az Egyesült Államokban, Tanzániában, Argentínában, Ugandában, Japánban,

Pakisztánban, Kenyában, a Fülöp-szigeteken, Hondurasban, Indiában, Oroszországban, Németországban és Peruban, és 2002-ben "világszintű lelkésznek" nevezték a vezető koreai keresztény újságok, a külföldi Nagy Egyesült Missziókban kifejtett tevékenységéért.

2010. szeptemberéig a Manmin Központi Templom több mint 100. 000 tagot számlált, 9.000 hazai és külföldi leányegyháza volt szerte a világon, és eddig több mint 132 misszionáriust küldött 23 országba, beleértve az Egyesült Államokat, Oroszországot, Németországot, Kanadát, Japánt, Kínát, Franciaországot, Indiát, Kenyát, és sok más országot.

A mai napig Dr. Lee 60 könyvet írt, közöttük a rekord példányszámban eladott Az örök élet megkóstolása a halál előtt, Életem, hitem, A kereszt üzenete, A hit mértéke, A Mennyország I és II, A pokol, Isten hatalma, és a munkáit több mint 44 nyelvre lefordították.

A keresztény cikkei megjelennek a The Hankook Ilbo, The JoongAng Daily, The Dong-A Ilbo, The Munhwa Ilbo, The Seoul Shinmun, The Kyunghyang Shinmun, The Hankyoreh Shinmun, The Korea Economic Daily, The Korea Herald, The Shisa News, és a The Christian Press hasábjain.

Dr. Lee jelenleg több tisztséget tölt be: a Koreai Egyesült Szentség Egyház elnöke; a The Nation Evangelization Paper újság vezérigazgatója; a Manmin Misszió elnöke; a Manmin TV alapítója; a Global Christian Network (GCN) alapítója és igazgatótanácsának elnöke; a The World Christian Doctors Network (WCDN) alapítója és igazgatótanácsának elnöke; és a Manmin Nemzetközi Lelkészképző (MIS) alapítója és igazgatótanácsának elnöke.

Más, hasonlóan hatásos könyvek a szerzőtől:

Mennyország I & II

Egy részletes vázlat a mennyei állampolgárok dicsőséges körülményeiről, amelyet Isten dicsőségében élveznek

A Hús Embere, A Szellem Embere I & II

Egy nagyon kiterjedt témakört tárgyal, amely az élet problémáival foglalkozik, és részletesen kiterjed a szellemi törvényekre, amelyek Isten, az ember, és Sátán között alkalmazhatók.

Pokol

Egy őszinte üzenet az emberiségnek Istentől, aki azt kívánja, hogy egyetlen lélek se hulljon a pokol mélységeibe! Felfedezheted Hadész soha fel nem tárt képét, valamint a pokol kegyetlen valóságát.

Életem, Hitem I & II

Dr. Jaerock Lee önéletrajza a legkellemesebb spirituális aromát nyújtja az olvasó számára, az élete az Isten iránti szeretet által kezdett virágozni, miután sötét hullámok, hideg járom jutott számára, valamint a legmélyebb elkeseredés.

www.ingramcontent.com/pod-product-compliance
Lightning Source LLC
LaVergne TN
LVHW021812060526
838201LV00058B/3349